Vidas
em Jogo

Vidas em Jogo

Pelo espírito
MAURÍCIO

Psicografia de
ELIANE MACARINI

LÚMEN
EDITORIAL

Vidas em Jogo
pelo espírito Maurício
psicografia de Eliane Macarini
Copyright © 2012 by
Lúmen Editorial Ltda.

2ª edição – maio de 2012

Direção editorial: *Celso Maiellari*
Assistente editorial: *Fernanda Rizzo Sanchez*
Revisão: *Alessandra Miranda de Sá*
Projeto gráfico e arte da capa: *Ricardo Brito / Designdolivro.com*
Imagem da capa: *Gaby Jalbert / iStockphoto.com*
Impressão e acabamento: *Gráfica Cromosete*

Dados Internacionais de Catalogação na Publicação (CIP)
(Câmara Brasileira do Livro, SP, Brasil)

Maurício (Espírito).
  Vidas em jogo / pelo espírito Maurício ; psicografia de Eliane Macarini. – São Paulo : Lúmen Editorial, 2012.

  ISBN 978-85-7813-054-1

  1. Espiritismo 2. Psicografia 3. Romance espírita
  I. Macarini, Eliane. II. Título.

11-11844   CDD-133.9

Índice para catálogo sistemático:
1. Romance espírita psicografado : Espiritismo   133.9

Rua Javari, 668
São Paulo – SP
CEP 03112-100
Tel./Fax (0xx11) 3207-1353

visite nosso site: www.lumeneditorial.com.br
fale com a Lúmen: atendimento@lumeneditorial.com.br
departamento de vendas: comercial@lumeneditorial.com.br
contato editorial: editorial@lumeneditorial.com.br
siga-nos nas redes sociais:
twitter: @lumeneditorial
facebook.com/lumen.editorial1

2012
Proibida a reprodução total ou parcial desta
obra sem prévia autorização da editora

Impresso no Brasil – *Printed in Brazil*

Sumário

PREFÁCIO, 7

UM PENSAMENTO NOVO, 11

1 INÍCIO DE VIDA, 15

2 UMA NOVA CHANCE, 23

3 UMA NOVA TENTAÇÃO, 39

4 FORA DA REALIDADE, 51

5 A PERDA DE SI MESMO, 69

6 TRAIÇÃO, 83

7 O PREÇO DE UMA ESCOLHA, 95

8 RESGATE PARA UMA NOVA VIDA, 111

9 ANTIGOS DESAFETOS, 123

10 NOVOS AMIGOS, 131

11 VISITA À FAMÍLIA, 147

12 A CHEGADA DE MINHA MÃE, 155

13 SOCORRO AOS AMIGOS, 163

14 O MOMENTO DE SANDRA, 193

15 A HISTÓRIA DE MARTA, 211

16 DÚVIDAS, 221

17 VIDA NOVA, 233

Prefácio

*Até onde conseguimos discernir, o único
propósito da existência humana é acender
uma luz na escuridão da mera existência.*

CARL JUNG

Há mais de quarenta anos, um valoroso jovem retornou ao plano espiritual, ainda confuso pela qualidade de suas escolhas, sofrendo as consequências de suas limitações, imperfeito como nós; porém, na mente já havia o despertar singelo de sua origem divina. Ainda perdido nas trevas da própria dor, levantou-se da escuridão depressiva e resolveu, meio alucinado e cambaleante, socorrer e auxiliar os que partilhavam aquele cadinho de sombria dor, mas abençoada oportunidade.

Socorrido pelo amor de muitos, questionou seus feitos por meio da volta consciente aos seus momentos de desequilíbrio; racionalizou e estendeu as mãos ainda trêmulas e inseguras em direção ao auxílio oferecido por aqueles que o viam agindo em futuro breve.

Ergueu a cabeça e os olhos aos céus, decidindo que essa deveria ser a hora de sua redenção; fez da dor um excelente instrumento de renovação e hoje está aqui entre nós, espíritos caminhantes da seara bendita, procurando por meio do trabalho redentor, da persistência, da boa vontade e do esforço pessoal perdoar a si mesmo pelos enganos cometidos.

Eu o vejo questionando cada momento vivido, cada experiência que tem a benção sagrada de partilhar com seus companheiros; percebo seu olhar se transformando dia a dia, em busca da paz interior; percebo em seus movimentos, não mais a ansiedade daquele que tem pressa, mas sim a leveza daquele que já começa a entender sua própria imortalidade; percebo em seu sorriso o início da paz que vai levá-lo ao futuro da verdadeira felicidade, aquela que é baseada na própria natureza.

Esse é o nosso querido e jovem amigo Maurício. Preocupado com outros espíritos que sofrem dores semelhantes àquelas vivenciadas em sua última passagem pela Terra, ele achou oportuno contar sua história, servir de norte a tantos outros que, limitados por sua fraqueza, deixam-se levar pela vaidade e pelo horror das tristes escolhas desequilibradas.

Maurício vai contar sua história de maneira simples, coloquial e emotiva, sempre com o objetivo de nos mostrar que podemos ser mais lúcidos e menos permissivos aos impulsos imediatos que dominam a razão.

Maurício é um exemplo de esperança, afinal, nada está perdido. Podemos sempre aprender maneiras novas de conduzir a vida e refazer o caminho amoroso e lúcido.

E aqui está essa singela e bela obra, escrita em parceria com nossa querida amiga Eliane Macarini, a quem foi dada a incumbência de servir ao Pai por meio do trabalho redentor da mediunidade.

Sejamos parte desta vivência criativa e cristã em busca de nossa perfeição, auxiliando-nos mutuamente, pois toda energia lançada ao universo conhecido e entendido por nossa mente, ainda tão limitada, pode transformar o nosso mundo interior e auxiliar muitos a modificarem o estado doentio de relação com a vida.

Citarei excelente trecho encontrado em *O Livro dos Espíritos*:[1]

---

1. KARDEC, Allan. *O Livro dos Espíritos*. Livro III, capítulo XII, item 917. Comentário de Fénelon (Nota do Autor Espiritual).

... O homem quer ser feliz e esse sentimento está na sua própria natureza, eis por que ele trabalha sem cessar para melhorar a sua situação na Terra, e procura as causas de seus males para os remediar. Quando compreender bem que o egoísmo é uma dessas causas, aquela que engendra o orgulho, a ambição, a cupidez, a inveja, o ódio, o ciúme, dos quais a todo momento ele é vítima, que leva a perturbação a todas as relações sociais, provoca as dissenções, destrói a confiança, obrigando-o a se manter constantemente numa atitude de defesa em face do seu vizinho, e que, enfim, do amigo faz um inimigo, então ele compreenderá também que esse vício é incompatível com a sua própria felicidade...

O egoísmo é a fonte de todos os vícios, como a caridade é a fonte de todas as virtudes. Destruir um e desenvolver a outra deve ser o alvo de todos os esforços do homem se ele deseja assegurar a sua felicidade neste mundo, tanto quanto no futuro.

Deus os abençoe.

VINÍCIUS (PEDRO DE CAMARGO)
RIBEIRÃO PRETO, 17 DE JANEIRO DE 2011.

Um pensamento novo

Quando, na vida, uma porta se fecha para nós, há sempre outra que se abre. Em geral, porém, olhamos com tanto pesar e ressentimento para a porta fechada, que não nos apercebemos da outra que se abriu.

ORISON SWETT MARDEN

Em minha última encarnação, fui abençoado com amor e carinho, sempre assistido por uma mãe dedicada e feliz, e acompanhado de perto por meu pai, companheiro e amigo em todos os momentos vividos.

Sentia mais do que ouvia uma doce melodia que embalava meus sonhos, dessa maneira era um ser pleno, criado pelas mãos carinhosas de Deus, que me presenteou com amor, carinho e cuidados especiais.

Desde pequeno eu era frágil, cresci sob a Luz Divina, banhado por águas límpidas e aquecido pelo sol imenso.

Fui uma benção para uma família fantástica, alegria de um novo amanhã, de nova vida de oportunidades, esperança de continuidade e amor.

Entrei nesse mundo fantástico sempre amparado; passei pela infância protegido e amado, transitei pela adolescência cheio de sonhos e planos infalíveis de vida.

Cursei Medicina em uma das melhores universidades do país. Pretendia seguir os passos de meu pai; mas, longe de perceber que o que mais interessava a ele, um médico respeitado e caridoso, era socorrer os necessitados envolvidos pela dor, eu era cercado e bajulado por muitas pessoas. Afinal, o que poderia me acontecer estava acima do mal e do bem, via-me como um ser único, perfeito e inatingível.

Nunca pensei que um dia seria obrigado a enfrentar minhas limitações, minhas fragilidades, a olhar meus desacertos e, acima de tudo, continuar a caminhar.

Mas em algum momento de minha vida as coisas começaram a se modificar. Um dia não ia à faculdade porque acordava bêbado, no outro precisava me encontrar com alguma garota.

E assim a vida e os meus valores foram se modificando e se perdendo em meio a tanta iniquidade. Acabei como dependente químico, desajustado e infeliz. As drogas devoravam o meu ser!

Contudo, dentro do meu coração, conservava sempre a semente de amor e boa moral que meus pais haviam me ensinado.

Na realidade, sempre vivi em conflito por não conseguir conciliar dois mundos tão diferentes: aquele que me foi apresentado, cheio de amor e responsabilidade, e aquele outro irreverente, irresponsável e superficialmente tão atraente.

Disso tudo o que vivenciei, resultaram momentos de extrema felicidade e outros de terrível pesadelo. Um dia acordei do pesadelo e aqui estou para contar a minha história e pedir perdão aos que magoei e aos que levei comigo revoltados.

Espero que minha história possa ser lida por muitos jovens, não apenas lida, mas entendida e respeitada como deve ser a vontade de Deus Pai, que só nos quer bem.

MAURÍCIO

1
Início de vida

No mês de outubro de 1969 cheguei a este mundo, cercado de muito amor e carinho. Sempre fui muito querido e amparado por todos, embora nos primeiros momentos, envolto por meu próprio desequilíbrio, acreditasse na existência do inferno e no castigo divino. Mas, graças às pessoas que sempre me amaram, oraram e pediram pelo meu resgate, estou aqui para lhes contar minha história.

Durante a gestação, meu espírito foi cercado de expectativa e carinho por parte de todos os meus familiares. Fui o primeiro filho, o primeiro neto e o primeiro sobrinho. A alegria era espontânea e geral; todos esperavam com ansiedade o momento do meu nascimento. Minha mãe conversava comigo em todos os momentos do dia e da noite, incentivando a minha disposição para ter esperança e fé. Sentia ser bem-vindo àquela família admirável. Meu pai era cuidadoso e estava sempre atento a qualquer mudança no comportamento de minha mãe: sua saúde, suas vontades, seu amor. Prestava especial atenção à saúde; afinal, como médico consciencioso e caridoso, orava sempre pedindo fortalecimento espiritual e saúde ao filho que estava por chegar. Agradecido a Deus por tantas benesses em sua vida, ele passou a oferecer atendimento gratuito a gestantes carentes, dispensando-lhes a mesma atenção que dava às que lhe podiam pagar.

Tive uma infância feliz. Ganhei dois irmãos e uma irmã. Brincávamos muito, estudávamos em boas escolas, tivemos uma formação religiosa e moral e sempre fomos acompanhados de perto por nossos pais.

Na adolescência, conheci um pessoal em frente ao barzinho onde nos reuníamos para bater papo e beber cerveja. Eles eram bem diferentes de todos com os quais tinha me relacionado até aquele dia. Era emocionante fazer parte de um grupo que estava sempre em evidência, provocando tumultos onde quer que estivesse. No começo eu era meio tímido, ficava arredio e até assustado, e, por essa razão, tornei-me motivo de chacota e passei a ser chamado de medroso ou covarde. Comecei a me esforçar para agir com naturalidade com eles e fui me acostumando. Agora, vejo claramente o dia em que assumi de verdade aquele novo modo de vida.

Rogério era o chefe da turma, quem dava as melhores ideias, quem aprovava todas as façanhas. Era ele quem escolhia os jovens que podiam ou não entrar para a turma. Nessa época, éramos, aproximadamente, vinte e três jovens, todos de classe média para alta, sem problemas financeiros; todos nós estudávamos em bons colégios. Não vou dizer que não tínhamos problemas de qualquer tipo, mas sim que tínhamos todas as chances de ser bons indivíduos.

– E aí, Maurício, vai com a gente ou não? Vai amarelar de novo? – perguntou Rogério.

– O que vocês vão fazer hoje? – questionei.

– Vamos fazer um racha lá na avenida, vê se descola o carro do velho e vem também, mas desta vez para participar e não só ficar olhando como filhinho da mamãe, seu medroso.

– Saí dessa, cara, medroso eu não sou, mas o velho não vai me dar o carro de boa vontade; ainda não tenho carta.

– Não falei, Rogério, ele é covarde. Se fosse esperto esperava o velho dormir e não precisava pedir licença – comentou Renata, uma garota muito bonita, por quem eu estava apaixonado.

– Tá legal, Renata, mas só se você for comigo.

– Vamos ver: primeiro, mostra que não é covardão; depois, quem sabe?

– Vocês vão ver quem é covarde.

Todos riram de mim. Hoje sei que aceitei um desafio bobo, que não precisava provar nada a ninguém, nem a mim mesmo, que o caminhar pela vida com dignidade, caridade e muita fé eram as únicas provas que devemos a nós mesmos.

À noite, esperei com paciência que todos fossem dormir. Sorrateiramente entrei no quarto de meus pais e peguei a chave do carro; confesso que no momento em que os vi ali dormindo, acreditando que todos os seus filhos estavam debaixo de seu teto, seguros e descansando, senti-me muito mal e com remorso. Mas, ao mesmo tempo, surgiu diante de meus olhos o rosto de Renata me chamando de covarde e filhinho da mamãe. Saí de casa correndo para não voltar atrás. Dirigi pelas ruas como um louco, era como se meus pais estivessem me olhando com olhos tristes, sofredores, e me pedindo para voltar. Mas eu precisava provar que era corajoso e esperto para ser aceito pela turma.

Parei em um bar e comprei cerveja, muita cerveja. O dono do boteco não queria vender, era paciente de meu pai; mas, quando lhe ofereci o dobro em dinheiro, ele não discutiu mais, apenas me disse que nunca havia me visto por lá.

Cheguei ao ponto de encontro todo orgulhoso de meu feito, achando que iria me tornar o herói da noite. Quando me gabei, todos riram, dizendo que provavelmente meu pai havia me emprestado o carro e o que eu tinha feito não provava nada para eles; que era arte de molequinho. Fiquei louco, querendo provar que já era adulto e estava pronto para o que desse e viesse.

– E aí, benzinho? Já fez sua arte de hoje? – perguntou Renata.

– Olha, para vocês pode não ser nada, mas eu nunca fiz isso, estou com o coração disparado até agora. O que eu preciso fazer para você se interessar por mim, Renata?

– Por que não pega esse carrão, entra na pista e ganha esse racha? Aí quem sabe!

– Você falou a mesma coisa quando disse para eu pegar o carro do meu pai, e agora vem com esse papo de entrar no racha. Já vi que não vai dar em nada mesmo.

– Tá vendo, cara, você é covarde e medroso! Pegar o carro do papai escondido não é nada, qualquer um faz, quero ver se tem mesmo coragem e entra na briga e não foge; garoto bom para mim não pede arrego nem fica se lamuriando por besteira.

Dizendo isso, Renata virou as costas para mim. O pior de tudo é que ela falou todas essas coisas em voz alta para que todos escutassem. Quando me dei conta estava na avenida correndo como louco, em meio a freadas e gritarias, querendo de qualquer maneira ganhar o racha, mostrar ser o mais corajoso, não me importando em perder a vida ou arriscar a dos outros.

Corria, corria, sem pensar. Aos poucos, toda aquela agitação, toda aquela loucura foi tomando conta de mim. Sentia-me como o dono da situação. Via-me vencedor e corria cada vez mais. O sentimento de poder, de ser dono de nós mesmos em uma situação de risco, leva-nos a engrandecer o nosso orgulho, dá-nos a sensação de onipotência, de estar acima de qualquer coisa, e nos desvia do bom caminho. Naquele momento, achei que podia tudo: controlar minha vida e meus vícios; e acreditei que, se podia enfrentar aquela loucura toda, também poderia parar quando quisesse, mas o futuro me mostraria que nada seria assim.

Ao término do racha, não ganhei, mas a turma passou a me respeitar mais, pelo menos não me chamaram mais de covarde. A Renata se mandou com o Rogério, o ganhador. Ela era o troféu.

Naquela noite sofri e chorei muito imaginando a garota que eu amava nos braços de outro cara. Naquele momento, decidi que seria o chefe do grupo, iria tomar o lugar do Rogério e faria o que fosse necessário: ganharia todos os rachas, cairia de cara em qualquer situação, mas a Renata seria só minha.

Cheguei a casa ao amanhecer, bêbado e sujo. Meus pais estavam desesperados imaginando mil coisas, menos a realidade.

– Maurício, meu filho, graças a Deus! Onde você se meteu? Por que pegou o carro de seu pai sem permissão? – perguntou minha mãe.

– Estava com alguns amigos, ficamos na casa de um deles aqui perto, era uma festinha da turma da escola.

– Mas você pegou o carro e sabia que eu não aprovaria, filho, e está bêbado e sujo. O que aconteceu realmente, Maurício? – questionou meu pai.

– Nada, não aconteceu nada, agora me deixem dormir. Estou cansado; afinal, não aconteceu nada, o seu precioso carro está inteirinho.

– Não estamos falando do carro, filho, estamos falando de você. O que está acontecendo, Maurício? – insistiu meu pai.

– Puxa, pai, você nunca foi jovem? Nunca se divertiu? Nunca aprontou nada? Já nasceu adulto e chato assim?

– Maurício...

– Deixe, Dirce, deixe-o dormir, depois conversamos.

~

Foi a primeira vez que menti para meus pais. Não foi fácil, mas também não foi tão difícil, acredito que estava tão bêbado que nem me dei conta ao certo do que estava fazendo. Esse também foi o começo de uma vida louca, sem valores morais.

Aos poucos, tomei conta da turma: inventava mil façanhas, bebia como louco. A Renata ficou comigo durante certo tempo, depois se cansou de meus desatinos e partiu para outra. Numa sexta-feira, marcamos um racha na saída da cidade. Na época eu já sabia como roubar um carro. Saí pela cidade procurando aquele que iria me levar a mais uma vitória. Em uma rua deserta e escura, num bairro de classe alta, encontrei o que procurava. Aproximei-me devagar, peguei uma ferramenta que usávamos para arrombar carros, abri a porta e já ia ligar o motor quando o dono, saindo de casa, começou a gritar. Saí correndo e ele foi atrás. Tropecei no meio da rua e fui atropelado. Só me lembro de gente gritando, chorando, um movimento incessante, sirene de ambulância, e depois o choro de minha mãe que segurava minha mão com muito carinho.

2

Uma nova chance

Sentia como se estivesse dentro do útero de minha mãe, quando ela conversava comigo de mansinho, como se não quisesse me assustar e me perder. Aos poucos, fui tomando consciência de onde estava, sentia muitas dores pelo corpo todo, mas minha mãe estava sempre ao meu lado segurando minha mão.

Meu pai entrava no quarto com um sorriso carinhoso nos lábios, como a me dizer que sempre estaria ali. Fui me recuperando, voltei para casa. Tivemos uma longa conversa, fizemos alguns bons acordos e voltei para a escola para estudar.

Nesses dias em que passei lutando pela vida, sentia-me sugado por um turbilhão grotesco e triste. Agarrava a mão de minha mãe, tentando me imaginar sentado em seu jardim de rosas. Aos poucos, a paz ia tomando conta de minha alma e eu dormia sossegado.

Teve início um período de tranquilidade. Eu estudava muito, saía com meus irmãos e com meus pais. Mudei minhas amizades e comecei a namorar uma boa moça, que me amava muito. Resolvi que queria ser médico como meu pai, o que o deixou muito feliz e orgulhoso. Assim, passei a me preparar para o vestibular.

Estudei muito, comecei a frequentar a igreja do bairro todos os domingos com meus pais e os pais de Rosa, minha namorada. Todos estávamos bem e felizes.

Meu pai, à noite, quando chegava a casa, ia ao meu quarto e ficava me ajudando nos estudos até tarde. Realmente eu me esforcei e consegui, passei no vestibular em quarto lugar. Foi uma alegria para todos. A única coisa que nublava essa felicidade é que eu teria de estudar em outra cidade. Hoje me lembro dos olhos de minha mãe quando soube, havia muito medo neles.

~

– Maurício, filho, sente-se aqui ao meu lado.

– O que foi, mãe? Parece triste.

– Tenho saudades de você, mesmo antes de partir.

– Não fique assim, mãe, eu vou estudar e nos fins de semana estarei aqui; afinal só estarei a duas horas de nossa casa.

– Filho, não fique bravo comigo, mas eu preciso falar.

– Fale, mãe.

– Prometa que, qualquer coisa que aconteça a você, vai nos chamar. Prometa que vai escolher bem seus amigos. No ambiente universitário você vai encontrar de tudo. Prometa que não voltará a beber e fazer loucuras. Deus lhe deu uma chance de refazer sua vida, não a estrague.

– Mãe, isso tudo passou, foi burrice minha, eu já admiti que estava errado e estou procurando fazer o melhor, confie em mim.

– Eu confio, filho, mas prometa.

– Eu prometo, mãe.

～

Os preparativos para minha mudança tomaram todo o meu tempo, só pensava na faculdade. Resolvemos ir à cidade procurar um lugar para eu morar, fazer a matrícula e outras tantas providências necessárias. Para facilitar minha vida, meus pais resolveram me dar um carro, porque o local em que iria morar ficava no centro da cidade e o *campus* universitário nos arredores, um tanto longe.

Uma semana antes do início das aulas, minha mãe foi comigo para comprar móveis, utensílios domésticos, enfim tudo o que é necessário para montar uma casa. Foi uma semana divertida, só faltou meu pai. Estavam conosco também meu irmão Fábio de 17 anos, Marisa de 15 e o temporão Lúcio de 9. Eu estava com 19 anos. Tudo era motivo de piadas e risadas. Na sexta-feira meu pai chegou com Rosa e tudo ficou perfeito.

Passeamos, andamos por todos os lados da cidade descobrindo sempre algo útil para minha futura vida. Estávamos felizes e otimistas quanto ao futuro; afinal, o que poderia dar errado?

No domingo à noite eles partiram e eu fiquei sozinho, mas era uma solidão boa, cheia de promessas de um futuro de sonhos bons. Olhei aquele pequeno apartamento todo arrumado, cheirando a coisas novas, a comida de minha mãe, que fez questão de deixar tudo pronto do jeitinho que eu gostava.

Deitei no sofá e fiquei pensando e fazendo planos para a semana que começaria. De repente, senti muito medo por estar só. Sentia como se uma presença forte e maligna estivesse ao meu lado. Meu corpo se arrepiou, eu conhecia aquela sensação, ela era familiar, como se sempre tivesse estado ali e só naquele momento dissesse: "Agora somos só eu e você".

Levantei-me rapidamente e fui tomar um banho. Antes, liguei o rádio e a TV e comecei a cantar alto, como se não quisesse escutar alguém falando, mas esse alguém falava dentro da minha cabeça. Minha cabeça começou a doer; fui ficando enjoado e vomitei tudo o que tinha comido naquele dia. Saí para a rua à procura de uma farmácia e comprei um remédio para dor de cabeça. Sentei em um banco da praça.

Fiquei ali sozinho por horas, tentando entender o que estava acontecendo comigo. Cheguei à conclusão de que era medo de ficar sozinho, emoção por ter uma nova vida e, acima de tudo, tristeza por ter visto minha família partir e saber que teria de lutar sozinho. Não teria mais meu pai acordado comigo até altas horas me ajudando a estudar, minha mãe preocupada levando-me leite, doce, sanduíche, apontando o rosto na porta e perguntando se estava tudo bem, se precisava de alguma coisa... Sentiria falta da bagunça de meus irmãos, que atrapalhavam meus estudos com gritos, cócegas e gracinhas. Sentiria falta da Rosa, com seu jeito carinhoso e cheio de amor, sentiria falta de seu beijo de boa-noite.

Com esse pensamento, acalmei-me e voltei para o meu apartamento. Arrumei minha cama e me deitei. Foi a primeira vez que dormi com a luz acesa.

~

O despertador tocou às seis horas da manhã, anunciando que deveria me levantar. Seria o primeiro dia de aula. Levantei cansado, como se não tivesse dormido a noite toda. Tomei um banho quente, arrumei-me, tomei meu café e fui para o *campus*.

Imaginei esse dia como muito especial, preparei-me tanto e agora não tinha vontade nem de ver como era a sala de aula. Sentia um desânimo profundo, como se aquele não fosse o meu lugar. Forcei-me a continuar e rezei um Pai-Nosso pedindo a Deus para me proteger e me ajudar. Achei que estava com medo de enfrentar a nova vida.

Conheci novas pessoas e professores atenciosos. Formamos um grupo de estudos, combinamos de cada dia estudar na casa de um. Eu me esforçava ao máximo para demonstrar interesse, mas aquela apatia foi crescendo. Só melhorava nos fins de semana, quando ia para a casa de meus pais. Todos se voltavam para mim: minha mãe me mimava ao máximo, meu pai, sempre companheiro, ficava ao meu lado, e meus irmãos me levavam para sair e me distrair. A Rosa, aos poucos, foi se distanciando de mim. No começo, reclamava que eu não dava atenção a ela, e com razão, eu estava apático. Depois, conheceu um rapaz que gostava muito dela e a tratava com atenção e carinho, e nós terminamos o namoro, mas continuamos amigos.

Meus pais começaram a se preocupar comigo. Eu estava bem mais magro e pálido. Em um fim de semana, meu pai me levou a sua clínica e fez um exame geral. Não havia nada de errado comigo, estava com a saúde perfeita. Então, tudo foi deixado por conta do cansaço e da saudade.

Estudava Medicina havia seis meses, mas era como se eu estivesse indo para o calvário todos os dias. Não que eu não gostasse, mas sentia um mal-estar constante. Conversei sobre isso com os professores, com amigos médicos de meu pai, e todos diziam que era natural, que o curso era muito puxado, a responsabilidade do estudante de Medicina é muito grande, mas que, aos poucos, iria me acostumar com tanta coisa nova. Sempre quando me sentia inseguro, com pensamentos negativos, eu estudava muito, essa era a maneira que encontrava para enfrentar meus fantasmas pessoais.

Em um fim de semana, o pessoal da faculdade resolveu fazer um luau para comemorar o início do segundo semestre e insistiram muito para que eu participasse. Liguei para meus pais consultando a opinião deles.

– Oi, pai, tudo bem com vocês?

– Olá, Maurício, nós estamos todos bem, graças a Deus, e você? Estudando muito? Está bem, meu filho?

– Tudo bem, pai. Eu queria a sua opinião e a da mãe. O pessoal da faculdade vai fazer um luau e me convidou; no começo eu não queria, mas eles insistiram muito e eu acabei ficando animado, mas também quero ir para casa, sinto-me tão bem com vocês!

– O que realmente você gostaria de fazer, filho?

– Não sei, pai. Ando muito desanimado e cansado. É como se nunca conseguisse descansar e dormir direito. Volta e meia acordo apavorado e suando sem motivo nenhum. Não sei o que tenho.

– Você está muito cansado, Maurício. Talvez seja bom sair com seus amigos, divertir-se, fazer algo diferente. É só um fim de semana, se a saudade apertar muito, consigo uma folga na clínica e vou até aí com sua mãe durante a semana.

– Está bem, vou pensar mais um pouco e volto a ligar. Um beijo, pai. Dê um beijo em minha mãe e em meus irmãos.

Desliguei o telefone e fui para a faculdade. Aquela sensação de insegurança e cansaço foi passando à medida que a animação do pessoal aumentava com os preparativos para a festa. Fiquei encarregado de conseguir algumas folhagens e flores para a decoração. O pessoal brincava e dizia que eu tinha cara de artista. Marta, uma garota bastante popular de minha turma, ficou encarregada de me acompanhar e fiscalizar para que eu tivesse bom gosto suficiente para escolher as flores certas. Foi muito divertido roubar flores dos jardins e do *campus* com o pessoal fazendo de conta que não me via. Havia muito tempo que não me sentia tão bem!

À noite, chegando a casa, liguei para meus pais, informando que resolvera ficar para a festa e contar as novidades. Meu pai ficou feliz ao me ver animado e participando das brincadeiras da turma, mas minha mãe, ao falar comigo...

– Maurício, que bom você estar mais animado. Mas...

– O que foi, mãe?

– Não sei, filho, é besteira minha, mas lembra da promessa que me fez quando mudou?

– Lembro sim, mãe. Não se preocupe, hoje minha vida é outra, eu tenho provado que mereço sua confiança.

– Eu sei, Maurício, mas não é você; às vezes tenho pesadelos horríveis, acordo assustada.

– Assustada com o quê, mãe?

– Eu não me lembro, Maurício, mas sei que nos pesadelos eu preciso avisá-lo de alguma coisa e não consigo, e você vai ficando cada vez mais longe. Aí eu entro em desespero e acordo.

– É só um sonho, mãe, eu estou bem. Se você quiser eu faço aquela promessa de novo.

– Não precisa, filho. Só quero que tenha fé em Deus, e, principalmente, muito respeito por você mesmo.

– Obrigado, mãe, agora quero que fique em paz e feliz, está bem?

Desliguei o telefone e fiquei matutando sobre tudo o que minha mãe havia falado. Era engraçado ela sonhar aquilo, pois eu tinha o mesmo sonho; só que havia mais uma pessoa, da qual eu não conseguia me lembrar. Eu também acordava assustado e suando, mas devia ser coincidência, apenas uma coincidência.

Chegou o sábado. O pessoal estava agitadíssimo; todo mundo se preparando para o luau. Tornei-me companheiro inseparável de Marta, que era divertida e sempre cheia de novas ideias! Um verdadeiro moleque arteiro, vivia pregando peça em todos da turma. Quando ela chegava, a monotonia e o sossego acabavam. Naqueles três dias antes do luau me senti bem ao seu lado. Havia muito tempo não relaxava e não pensava em uma garota com tanta ansiedade como estava acontecendo. Comecei a me apaixonar por Marta... O Furacão Branco da Medicina, como o pessoal a chamava.

Marcamos em uma chácara de um dos rapazes do grupo, às dez horas da noite. Tudo estava muito bonito, uma parte do pessoal havia ido à tarde para preparar as coisas e enfeitar. Os que não puderam ir, pois estavam apresentando trabalho, combinaram de se encontrar na praça da cidade, e eu estava entre eles. A Marta foi à tarde, ficara encarregada da decoração.

Chegamos à chácara um pouco atrasados, pois até reunir todo mundo foi uma loucura. O caminho foi divertido, estávamos em vários carros. Todos cantávamos, um querendo ultrapassar o outro, mas tudo na brincadeira e sem loucuras. Chegando lá, a festa já havia começado; os rapazes estavam assando carne e as garotas descascavam frutas e faziam saladas. Tinha muita bebida, cerveja, batidas... Vencendo a mim mesmo, decidi procurar um refrigerante e logo começaram a zombar da minha cara. Não me importei, sabia que não podia beber, era um compromisso com meus pais e comigo mesmo. Inventei uma desculpa qualquer e mostrei que estava me divertindo do mesmo jeito; procurei não prestar atenção nos outros.

Algum tempo depois, notei que se formavam pequenos grupos que se afastavam e depois voltavam, vamos dizer, mais alegres. Comecei a ser deixado de lado. A Marta se esquivou de minha companhia muitas vezes, e também notei que ela estava entre todos aqueles grupos que se afastavam. Querendo saber o que estava acontecendo, fui atrás dela.

– Marta, espere aí, não fuja. Quero conversar um pouco com você.

– Não vai dar, não, Maurício, agora não.

– Aonde você vai?

– Isso não é para você, tá? Fica aí na sua, depois nós conversamos.

– Marta, o que está acontecendo?

– Maurício, em que mundo você vive? Será que não dá para desconfiar?

– Desconfiar do quê, Marta?

– Nossa! Você é lerdo mesmo, junte-se ao grupo do Mané; olhe lá perto da fogueira, é a sua cara.

Dizendo isso, ela se afastou rapidamente, indo se reunir a outro grupo que logo sumiu também. Fui me juntar ao grupo do qual ela falou, eram bons rapazes; como gostavam de dizer, eram os *caxias* da turma.

– E aí, Maurício, a barra pesou? Deixe para lá, esses caras são loucos, ainda mais para quem faz Medicina e entra nessa – comentou Mané.

– Do que vocês estão falando?

– Vai dizer que não sabe? – perguntou Juliano.

– Realmente eu não sei.

– Eles estão se drogando, maconha, heroína, cocaína... É um inferno toda festa! A Marta carrega alguns, vende drogas, ajuda-os a usar e também usa – falou Mané.

– A Marta? – perguntei com cara de idiota.

– Você nunca participou de nenhuma festa ou reunião, não é? – comentou Carla.

– Não, eu sempre volto para a casa dos meus pais nos fins de semana.

– Pois é, como você acha que a Marta sustenta a faculdade? Ela trafica para pagar os estudos; quando me contaram também não acreditei. Alguém fazendo um curso para salvar vidas e pagando esse mesmo curso matando gente. Não é irônico? – comentou Juliano.

– Mas a Reitoria não faz nada? – perguntei.

– Fazer o quê, quem vai denunciar, quem comprou e usou não vai confirmar, e também tem o medo de os traficantes pegarem o delator; afinal, ela é uma vendedora deles.

Não sabia o que pensar, nem o que dizer, não sabia nem ao menos se acreditava. E se eles estivessem se divertindo com a minha cara? É, deve ser isso, eles perceberam que eu estava me apaixonando pela Marta e resolveram brincar comigo, só podia ser isso. Eu havia passado vários dias em sua companhia, não notara nada de anormal. Ela era só meio atrevida e sapeca, mas, traficante, só se eu visse. E o que ela quis dizer com "isso não é para você"? Será que eu era muito sério e chato? Resolvi seguir o próximo grupo para confirmar o que haviam me dito, não gostava de ficar na dúvida.

Contudo, naquela noite, não houve outro grupo nem chance de me aproximar de Marta, pois sempre havia alguém com ela. A maioria do pessoal dormiu na chácara; muitos haviam bebido muito e estavam sem condições de dirigir. Voltei para a cidade com mais quatro rapazes. Deixei-os na república em que moravam e fui direto para o meu apartamento. Apesar de ser tarde, tinha certeza de que minha mãe estava acordada; telefonei e já no segundo toque ela atendeu.

– Maurício...

– Oi, mãe. Sabia que estaria acordada! Já cheguei a casa, estou ótimo, só tomei refrigerante, o povo lá está achando que sou alérgico a álcool. Está satisfeita, dona Dirce?

Minha mãe começou a chorar, e só repetia que me amava muito. Naquele momento acreditei de verdade que nada de mau pudesse me acontecer, acreditei que havia passado por uma grande prova e que havia vencido. Prometi a mim mesmo me afastar de Marta, pois na dúvida era melhor não me arriscar, como sempre dizia meu avô.

Digamos que começou uma nova fase em minha vida; nos fins de semana voltava para a casa de meus pais, mas, às vezes, ficava para alguma festa que o pessoal organizava. Passei a observar melhor o comportamento de Marta nessas ocasiões. Era sempre a mesma coisa, pequenos grupos se reuniam, sumiam e depois voltavam. Mas lá no fundo a curiosidade persistia; não tinha certeza de nada, ela ficava atenta quando eu me aproximava e eu nunca vi nada. O mais engraçado é que, no momento em que parei de demonstrar interesse por Marta, ela passou a me rodear, a me lançar olhares charmosos e cheios de promessas. Muitas vezes, acordei à noite sonhando com ela, só que não eram sonhos bons! Não me lembrava de nada, mas sei que a sensação era desagradável. Os pesadelos continuavam e agora nem em minha casa, com os meus familiares, eu conseguia dormir de luz apagada.

3
Uma nova tentação

Um dia comentei esse medo com o Mané, dizendo que nunca tivera medo de ficar sozinho ou no escuro, e que não entendia essa sensação de sempre ter alguém me observando e sentir o ar pesado, sentir essa maldade pairando no ar. Não sabia como nem de onde vinha, pois estava sozinho.

– Você acredita em espíritos, Maurício?
– Espíritos? Como assim, Mané?
– No Espiritismo, na vida após a morte.
– Nunca pensei sobre isso, aliás, sempre achei essas coisas uma enganação. Mas por que está me perguntando isso?

– Sou estudante da Doutrina Espírita, estudo os livros de Allan Kardec. Frequento um Centro Espírita e estou procurando me preparar para trabalhar em minha carreira de médico também com o apoio de bons amigos espirituais.

– Você fala sério, cara? Eu sempre o achei uma pessoa ponderada e agora você me vem com essa?

– Isso é preconceito, Maurício. Quem disse a você que minha crença me torna uma pessoa menos equilibrada? O que eu faço é praticar minha fé em Deus da melhor maneira para mim. E, olhe, meu amigo, acredito que você pode ser ajudado! Se quiser pode me acompanhar, mas você precisa querer essa ajuda.

– Ora, todo mundo quer ser ajudado, mas eu sei o que tenho, é cansaço, só isso.

– Você é quem sabe, mas a hora que você quiser e só falar, estarei à sua disposição. E, outra coisa, antes de dormir faça uma prece e peça proteção durante seu sono, procure ter bons pensamentos, pois isso ajuda muito.

~

Na realidade, eu nem parei para pensar no que o Mané me disse, sempre achei as pessoas que mexiam com essas coisas meio esquisitas. Foi uma pena, talvez se o tivesse escutado e acompanhado nada do que se seguiu tivesse acontecido.

Passaram-se algumas semanas de relativa paz, os pesadelos diminuíram. Eu estudava bastante, estava perto das provas semestrais e o tempo disponível parecia muito pequeno. Passei a estudar até de madrugada com medo de não dar conta de tudo. O cansaço era grande, dormia pouco e quase não me alimentava.

Na semana de provas estava arrasado, com medo, enjoado, quase não conseguia ficar acordado. Um colega disse que tomava alguns comprimidos nessas épocas mais apertadas e depois largava. Resolvi experimentar, mesmo estando consciente de que era errado. Fiz isso durante uma semana, senti-me melhor. Terminando o período das provas parei de tomar e as sensações voltaram. Voltei a tomar os remédios, engolia pílulas para ficar acordado, depois tomava outras para dormir. Fui ficando cada vez mais magro e apático. A depressão batia pesado, aí tomava mais remédios, que foram ficando fracos e eu trocava por mais fortes. O coordenador do curso veio conversar comigo, pois os professores estavam comentando sobre minha aparência física e algumas falhas de atenção nas aulas. Disse a ele que estava muito cansado e preocupado em ser um bom profissional. Ele me aconselhou a relaxar e procurar me divertir um pouco. Hoje eu sei que esse tipo de problema entre os estudantes de Medicina é normal, inclusive existem profissionais especializados no assunto que dão retaguarda aos jovens; geralmente, os próprios professores, quando reconhecem o problema, encaminham seus alunos para tratamento.

Passei a ir menos para a casa de meus pais. Não queria que eles percebessem o que estava acontecendo. Minha mãe falava comigo no telefone e eu notava a angústia em sua voz. Hoje eu acredito que ela pressentia toda a desgraça que se aproximava.

Combinamos uma festa na chácara de nosso amigo, a mesma chácara do luau. Seria durante todo o fim de semana, iríamos no sábado, após as aulas, e voltaríamos na segunda-feira. Iríamos direto para as aulas. Achei que seria bom para mim. Telefonei para os meus pais, que ficaram tristes, pois já fazia duas semanas que não os visitava. Minha mãe ficou chorosa e a voz de meu pai perdeu a vivacidade, mas como sempre me apoiaram, recomendando juízo. Minha mãe, depois de muito tempo, relembrou minha promessa.

Senti-me mal, pois não bebia, não me drogava, mas... e as pílulas? Como sempre arranjei desculpas para meu comportamento e procurei esquecer o assunto.

Sábado, após as aulas, reunimo-nos no jardim central do *campus* para irmos todos juntos. Os carros estavam carregados de malas, comidas e, como sempre, muita bebida. Marta foi se chegando aos poucos e pediu para ir comigo. Concordei; afinal, estaríamos em cinco. O que poderia acontecer? Era só uma carona.

Durante a viagem ela só conversou comigo, bajulou-me muito. Falou que eu estava diferente, mais atraente, e perguntou o que estava acontecendo comigo, pois eu havia mudado bastante. Disse que deveríamos nos encontrar com mais frequência e assim por diante. O pessoal que estava atrás do carro começou a zombar de mim e perguntar se eu não ia tomar uma atitude de homem. Respondi apenas que ia pensar no assunto, mas a vaidade já estava latente; o que havia de mau em passar o fim de semana com ela? Se ela vendia e usava drogas era problema dela, eu não ia fazer isso, era apenas uma garota atraente que estava dando em cima de mim.

Chegamos à chácara. A animação era total, todo mundo falava ao mesmo tempo. Alguns foram direto para a piscina, um grupo se reuniu para jogar truco, e as garotas ou estavam na piscina ou tomando sol. Eu sentei embaixo de uma árvore já com o desânimo tomando conta de mim. Marta veio sentar ao meu lado.

– Eu sei do que você está precisando. – E me deu um copo de caipirinha.

– Obrigado, Marta, mas eu não bebo.

– É só um pouquinho. É para você sair desse baixo-astral. Beba, só um pouquinho não faz mal a ninguém, muito menos a você, que sabe parar, não é?

– Está bem, só um pouquinho. E você, não vai beber?

– Vou sim, no seu copo, assim descubro seus segredos.

Ela disse isso olhando nos meus olhos. Seu rosto era muito atraente, principalmente quando ela queria. Sem conseguir resistir, beijei-a ali mesmo e deixei todas as minhas dúvidas de lado. Inclusive esqueci que tinha tomado algumas pílulas e bebi todo aquele copo de caipirinha. Senti-me muito bem, fiquei alegre e extrovertido. Aquela sensação de poder tudo no mundo me dominou. Fiz loucuras durante aquele fim de semana. No domingo ganhei um presente de Marta, o meu primeiro cigarro de maconha. E o pior de tudo é que nem ao menos senti remorso. Ao me lembrar de meus pais, senti irritação em relação a todos aqueles sermões que viviam me passando; afinal, eu já ia fazer vinte e um anos e sabia o queria. Eu queria me sentir bem; se fosse com as drogas, as bebidas e com Marta, que fosse, eles que não se metessem em minha vida.

Não sentia mais medo, solidão, estava sempre rodeado de gente alegre. Vivia com Marta, que se mudou para o meu apartamento. Nós bebíamos muito e fumávamos maconha. O dinheiro que meu pai mandava não dava mais, eu estava sustentando nós dois no vício.

Nessa época, ainda frequentava a faculdade com assiduidade. Eu gostava de estudar, aprendia com facilidade e tinha o cuidado de não exagerar nas drogas, para não perder o controle total sobre os meus atos.

Para cobrir as nossas despesas passei a vender maconha com Marta e me justificava dizendo a mim mesmo que maconha era até remédio e não podia fazer mal a ninguém.

Não voltei mais a minha casa. Dizia que o curso estava muito apertado e precisava reforçar meus estudos com ajuda de professores de plantão. Cada dia inventava uma desculpa, e, quando eles diziam que iriam me visitar, também inventava desculpas. Quando não tinha jeito e via que iam vir de qualquer jeito, a Marta ia para a casa de outra pessoa. Nós limpávamos e arrumávamos tudo. Naquele dia eu não bebia, não fumava, bancava o bom menino.

Mas hoje, quando me lembro do rosto deles e da tristeza em seus olhos, sei que eles sabiam. Tentavam conversar comigo, perguntando por que estava tão irritado, por que emagrecera tanto, por que estava tão abatido. As guloseimas que minha mãe fazia e de que eu tanto gostava ficavam ali jogadas até estragar. Eles percebiam, aos poucos, que estavam me perdendo.

Terminei o segundo ano de Medicina aos trancos e barrancos, mas consegui. A Marta repetiu e resolveu parar de estudar. Falou rindo que ia viver à minha custa. Com tanto tempo livre, Marta conheceu uma turma da pesada, que usava heroína e cocaína. No começo fiquei assustado com o que ela me contava.

– Maurício, os caras são loucos, usam aquelas drogas como água! E sabe que continuam normais? Não entendo por que muitos falam que faz mal! Eles se divertem à beça, qualquer dia vou experimentar, só não fiz porque ainda tenho medo, mas sei que vou acabar fazendo, tenho muita curiosidade. Ei, que tal se eu trouxer para nós dois experimentarmos?

– Você enlouqueceu? Isso não é brincadeira, é droga pesada, ninguém tem controle sobre esse tipo de droga. Esqueça isso, Marta, nós ainda vamos nos dar mal. Esqueça isso!

– Esqueça, você. Eu não sou covarde!

– Não se trata de covardia, Marta, mas de esperteza, tá?

– Ah, tá! Dê o nome que quiser, para mim é covardia. Quem sabe também não encontro alguém mais divertido que você?

Dizendo isso, ela saiu, deixando-me arrasado. Só de pensar na Marta com outro cara, sentia medo. Comecei a entrar em depressão novamente. Nem as pílulas, nem o álcool, nem a maconha resolviam mais. Aquela sensação de medo e de estar sendo observado voltou muito mais forte. Eu chorava como criança ao acordar dos pesadelos, e Marta ria de mim dizendo que eu estava assim porque queria, pois ela tinha a solução.

Naquela época ela já fazia uso de cocaína e a pressão para que eu também entrasse nessa era enorme, tanto da nova turma que passou a frequentar nossa casa como dela.

Comecei a ficar paranoico, não conseguia mais estudar, só pensava na maldita droga, virou uma obsessão. Meus colegas do curso de Medicina e os professores começaram a me fazer perguntas. Um dos professores solicitou que fizesse uma avaliação física e psicológica. Estava sofrendo uma tremenda pressão. O conflito de valores instalado em minha cabeça me deixava louco. Foi quando houve um feriado prolongado e resolvi ir para a casa dos meus pais. Uma semana antes me forcei a comer, dormir e não fazer nada de errado, pois, se meu pai percebesse, iria me tirar da faculdade e me internaria. Aí eu perderia a Marta de vez. Quando liguei avisando que iria, minha mãe, muito emocionada, começou a chorar. Aquilo me irritou bastante, e fui áspero com ela.

– Olhe, se for para ficar aguentando choradeira e sermão, eu não vou.

– Desculpe, Maurício, é que estamos com muitas saudades, há dois meses não vemos você.

– Eu fico mais dois, se não parar com isso.

Quando me lembro dessa conversa, nem sei o que dizer, ou pensar... foi o começo do fim, perdi o respeito pelos meus pais, o amor por mim mesmo, e, o pior, aceitei em definitivo a influência maléfica tanto do mundo espiritual quanto do mundo material. Aquele fim de semana foi muito triste: meus pais magoados, meus irmãos sem entender o que estava acontecendo e Marta ligando a toda hora querendo que eu levasse uma quantia grande de dinheiro para comprar heroína para revendermos. Ela dizia:

– Maurício, se fizermos isso uma vez não teremos problemas de dinheiro por um bom tempo. Largue de ser careta, seu velho tem grana, peça a ele.

– Ah! É fácil, não é, Marta? O que vou dizer? Que preciso de dinheiro para comprar drogas e traficar? Ele vai ficar tão emocionado que vai me dar o dobro!

– Você é um idiota mesmo, quem disse que precisa dizer a verdade?

– Você que é esperta, então me diga o que eu devo falar.

– Diga que precisa de dinheiro para comprar livros e instrumentos, que a faculdade está vendendo aquelas tranqueiras que se usam bem mais barato.

– E eu mostro o que para ele, quando quiser ver?

– Aí é outra história; além do mais, nós vamos ganhar quatro vezes mais, aí você compra as tranqueiras que quiser. Sabe o Boca? Ele me convidou para morar com ele e me financiar, então é melhor você resolver logo.

– O que você está falando, enlouqueceu de vez?

Naquele momento senti uma revolta tão grande! Estava acuado, sem perspectiva de vida! Se recusasse, ela iria embora, mas não podia viver sem ela. Era como uma droga que entra no sangue e vai nos consumindo aos poucos ou nos enlouquece. Por outro lado, se eu aceitasse, seria o fim, perderia o contato com a realidade de vez.

Não dormi naquela noite, tinha medo até de fechar os olhos. A ansiedade crescia a cada instante. Fui até o quarto de meus pais pedir ajuda, estava resolvido a acabar com aquela agonia; sentia uma força nova me impulsionando, era só uma questão de coragem, e sabia que eles me apoiariam, me tratariam com amor e carinho.

4
Fora da realidade

Entrei no quarto resolvido e animado, mas, ao abrir a porta, a primeira coisa que vi foi a caixa de joias de minha mãe. Comecei a transpirar muito. Molhei minha roupa em questão de minutos, e fiquei ali parado, olhando a solução dos problemas com a Marta. Ao mesmo tempo, olhava para eles dormindo tranquilos. Não sei quanto tempo fiquei ali, com a voz de Marta em minha cabeça dizendo que ia morar com o Boca.

Peguei a caixa de joias, fui para o meu quarto, enfiei minhas coisas na mochila e fui embora na calada da noite, sem ao menos deixar um bilhete. Fugi como um ladrão.

Entrei no carro e corri muito. Minha impressão era de que todas as pessoas que cruzavam comigo sabiam o que eu havia feito. Tinha vontade de morrer: chorava, soluçava, gritava, não conseguia me controlar; não sei como cheguei a casa. Estacionei na garagem do prédio e ali mesmo dormi. Tive pesadelos horríveis, com mil demônios me perseguindo, e os olhos tristes de minha mãe só me olhando e vertendo lágrimas.

Acordei com o zelador do prédio me chamando. Subi e entreguei as joias de minha mãe para Marta, que exultou, abraçou-me, beijou-me, prometeu-me mil loucuras. Eu fiquei ali apático e infeliz, mas incapaz de reagir. Ouvia dentro de minha cabeça uma risada sinistra, risos de júbilo, como se eu fosse dois: um que chorava e sofria e outro que alcançara a vitória.

Por uma semana não fui à faculdade. Ora estava bêbado, ora deprimido, sem condições nem de tomar um banho. Não atendia o telefone nem a porta. A Marta sumiu com as joias e com meu carro. Nesse meio-tempo o zelador dizia a todos que não havia ninguém em casa. Estava lá jogado, agoniado e infeliz, deixando-me morrer. Havia dias que não comia nem dormia, sozinho com minhas culpas e medos.

Adormeci de cansaço, sonhei que minha mãe estava ao meu lado, segurando minha mão e conversando comigo, falando manso e baixinho. Mais uma vez com medo de me perder, sua voz trazia mensagens de paz, de amor, de caridade. Ela falava de Deus e sempre me dizia: "Levante daí, Maurício! Pé na estrada, você tem muito a fazer". Às vezes, ouvia a voz de meu pai: "Vamos lá, garoto, reaja, você consegue".

Muitas vezes ouvia meus irmãos conversando e me chamando, contando novidades de sua vida. Não sei quanto tempo fiquei ali, decidindo se queria ir embora de vez ou se queria voltar e tentar mais uma vez.

Era o dia de meu aniversário de vinte e dois anos. Ouvia ao longe as vozes das pessoas que amava cantando "Parabéns a você". Voltei aos poucos e vi rostos me encarando, ansiosos e cheios de esperança. Chorei como quando era criança, com minha mãe segurando minha mão, meu pai ao meu lado e a algazarra dos meus irmãos.

Daí se seguiram duas semanas de muitos mimos, desculpas e anseios. Trocamos muitas promessas, contei tudo o que havia acontecido comigo, da bebida, das drogas, do roubo das joias.

– Maurício, se o que aconteceu com as joias o deixou deste jeito, agradeço a Deus, pois foi o que o trouxe de volta para nós. Não se preocupe, filho, eram apenas coisas. Para tê-lo de volta, considero o preço barato.

– Mãe, não é justo.

– Justo para mim e todos os outros é tê-lo de volta, só quero que você se encontre e frequente o grupo de apoio de que seu pai falou. São boas pessoas que poderão ajudá-lo, além do mais, seu irmão vai morar com você, vai ficar tudo mais fácil, você verá.

– Obrigado, meus pais, vocês são muito melhores do que eu mereço.

Passei a frequentar a faculdade novamente e me esforçar. Meu pai conversou com os professores, que se prontificaram a me ajudar a recuperar o tempo perdido e não perder o semestre. Liguei-me a um grupo de apoio a alcoólatras e drogados. Não foi fácil admitir meus vícios e, ainda, que era dependente. Aos poucos, fui me recuperando. Com a ajuda de meu irmão Fábio, que passou a morar comigo, de toda minha família na retaguarda me apoiando e incentivando, em pouco tempo consegui me recuperar, engordei, estava feliz e em paz.

Voltei a sair com o grupo do Mané, que mais uma vez me convidou para frequentar o Centro Espírita ao qual ele era filiado. Explicou-me algumas coisas sobre obsessores que me deixaram impressionado. Ao chegar a casa, comentei com Fábio.

– Fábio, você acredita em reencarnação?

– Não sei, Maurício. Sempre frequentei a igreja com nossos pais. Tenho um amigo cuja família toda é espírita. São pessoas extremamente corretas e caridosas, então não pode ser nada de ruim, e não se esqueça do que diz a nona: todos os caminhos seguidos com fé levam a Deus. Mas por que a pergunta?

– Eu tenho um amigo, o Mané, que é espírita e me explicou algumas coisas que podem estar acontecendo comigo. Disse-me que, se eu quiser, ele pode me ajudar. O que você acha, Fábio?

– Maurício, rezar com fé não faz mal a ninguém, só nos traz melhoras. Eu acho que não custa tentar! Quem sabe esse não é o seu lugar? Tente.

Após essa conversa com Fábio, ficava me prometendo acompanhar o Mané ao Centro Espírita, porém, no dia combinado, arranjava uma desculpa. Passaram-se dois meses de paz. O medo sumira, os pesadelos não voltaram e todo fim de semana ou íamos para a casa de meus pais, ou todos vinham nos encontrar. Conversávamos muito, trocávamos ideias e fazíamos planos para o futuro.

A Marta sumira com as joias, dias depois meu carro fora encontrado em outra cidade, todo arrebentado. Soube que ela estava com o tal do Boca, drogada e doente. Fiquei com pena, comentei com meus pais e eles apenas disseram para rezarmos por ela.

Fábio se preparava para prestar vestibular, queria fazer Psicologia. Estava atrasado dois anos, pois quando pequeno esteve muito doente e não pôde ir à escola por esse período. Mas era esforçado e estudava bastante para se recuperar. Marisa também prestaria vestibular para Fisioterapia. Brincávamos dizendo que montaríamos uma clínica completa, só com familiares. Estávamos juntos e felizes e desta vez tinha certeza de que nada iria me atrapalhar.

Terminei o terceiro ano de Medicina. Fábio e Marisa passaram no vestibular e iríamos morar os três juntos. Fomos passar as férias em nossa cidade com nossos pais. Combinamos viajar.

Fomos para a praia. O pequeno Lúcio entrava na adolescência, era esperto e simpático, crescia rápido demais para o gosto de nossos pais, que brincavam dizendo que precisavam de netos, pois o nenê da família já era adulto. Foram as melhores férias de minha vida, estava tudo bem, tudo em paz.

Ainda na praia, no último dia à tarde, quando todos dormiam, saí sozinho caminhando pela areia. Avistei uma formação rochosa muito bonita e caminhei até lá. Sentei-me nas pedras e comecei a repassar minha vida, tudo o que havia acontecido de bom e de ruim. Senti pontadas de tristeza por ter feito tanta besteira e comecei a me culpar pela dor causada aos meus pais e meus irmãos. Chorava e sentia muita raiva mas, ao mesmo tempo, muita pena de mim mesmo.

Senti que não seria capaz de vencer outro desafio; sabia que, se acontecesse de novo, cairia e não conseguiria me levantar. Comecei a ouvir vozes que gritavam e riam de mim, via vultos me rodeando. Deixavam-me atordoado: gritos, lamúrias, palavrões, era como se o mundo fosse desabar sobre mim. Saí correndo e as risadas não paravam. Cheguei à casa em que estávamos chorando e pedindo ajuda. Todos correram para me atender; eu falava sobre as vozes, os vultos que me seguiram desde as pedras, e eles diziam que não havia ninguém. Eu não parava, chorava e implorava para que me contassem a verdade. Estava com muito medo. Como era possível que apenas eu visse todo aquele horror? Meu pai me deu um calmante e eu adormeci.

No dia seguinte, voltamos para casa. Ele queria que eu fizesse alguns exames, mas eu me sentia apático e medroso. Aquela voz dentro da minha cabeça me dizendo coisas horríveis não parava. Foram sete dias de inferno. Fui internado e todos os exames deram negativo. Examinado por todos os tipos de médicos, neurologistas, psiquiatras, psicólogos, nada encontraram. No sétimo dia, adormeci, e, quando acordei e tudo tinha passado, chegaram à conclusão de que havia tido um surto psicótico ocasionado pelo estresse que estava vivendo.

O restante das férias terminou em paz. Contudo minha mãe passava os dias e as noites me observando, via novamente angústia e medo em seus olhos.

Desta vez voltamos os três para a universidade. Animados e cheios de planos. Às vezes, sentia aquela presença má ao meu lado e um ódio muito grande me envolvia. Começava a ficar deprimido, mas lá estavam eles, meus amigos, meus irmãos. Logo formavam uma algazarra, faziam-me cócegas, aprontavam palhaçadas e, principalmente, diziam que me amavam... e eu ficava bem.

Quando percebia que não ia conseguir me livrar da impressão, caía em cima dos livros, estudava sem parar, pois, enquanto estudava e lia, conseguia controlar minha mente.

No quarto ano de Medicina começamos a fazer plantão, passava as noites em claro e, não raras vezes, emendava com o dia. Precisava ir para a faculdade estudar, não tinha tempo para nada, estava cansado física e mentalmente. Necessitava com urgência descansar. Meus irmãos me ajudavam muito, cuidavam de minhas roupas e refeições. Eu ia levando a vida aos trancos e barrancos, sempre lutando contra a depressão que cada vez mais me ameaçava.

Quando me sentia à beira de alguma loucura, procurava reforço com o grupo de apoio e com o psicólogo, e redobrava meus esforços no estudo. A impressão que tinha era de estar sempre caminhando à beira de um abismo. Ao menor sintoma de dese-quilíbrio eu cairia, vivia sempre em conflito. Era uma sensação exaustiva, lutando contra algo que não podia ver, só sentir.

Foi um semestre em que trabalhei muito. As férias chegaram para meus irmãos, mas não para mim. Tinha plantão e muito que estudar. Relutantes, Fábio e Marisa foram passar uma semana na casa dos meus pais. Fiquei sozinho mais uma vez! Rezava para não sentir medo e desespero e procurava não voltar para casa. Quando não tinha jeito, entrava naquele apartamento com receio do que poderia encontrar. Uma noite, a velha sensação voltou mais forte. Saí correndo, andei ao longo da madrugada, fugindo não sei do quê. Sentei-me na calçada e comecei a chorar desesperado, sem coragem de procurar ajuda.

– Ora, quem vemos por aqui! Não é o filhinho da mamãe?

Olhei para cima e lá estava Marta, muito mais magra e abatida, mas ainda bonita e sensual. Senti ao mesmo tempo medo e prazer em vê-la.

– Olá, Marta.

– O que faz aí, perdido na vida? Chorando e se martirizando como sempre? Por que não assume de vez o que você é? Será muito mais fácil.

– E você sabe o que eu sou, Marta? Nem eu mesmo sei, vivo em conflito entre o que aprendi e essa coisa que aos poucos vai me consumindo.

– É o que eu falei, você é mesmo muito burro. Faz o que eles mandam e não o que quer, por essa razão é infeliz.

– E as joias de minha mãe? O que você fez com elas?

– Isso não lhe interessa. Você me deu, não deu?

– Esqueça.

– Por que está aí? Ainda não me respondeu.

– Não sei.

– Puxa, cara, só quero ajudá-lo.

– Eu vi a ajuda que me deu.

– Se for começar com cobranças, estou de saída. Tchau.

– Não, Marta, espere. Não me deixe sozinho.

– Então não me encha!

– Está bem. Fique comigo.

Ficamos ali sentados conversando até o amanhecer. Fomos a uma padaria, tomamos café e comemos. Rimos muito nos lembrando de coisas engraçadas do nosso passado. Despedimo-nos, simplesmente.

Entrei em casa mais sossegado. Deitei-me e dormi o dia todo. Naquele dia faltei à faculdade. Acordei tarde, já era noite. O telefone tocava, era minha mãe perguntando se estava tudo bem.

– Boa noite, Maurício. Tudo bem, meu filho?

– Tudo, mãe. Estava tão cansado que não consegui ir à aula hoje. Dormi o dia todo, acordei agora com o telefone tocando.

– Mas você está bem?

– Agora acho que estou. Precisava descansar. Apaguei mesmo, mãe. Havia muito tempo não dormia tanto!

– Se está bem, então foi bom, amanhã você recupera o que perdeu hoje.

– Preciso tomar um banho e me trocar, daqui a pouco começa meu plantão.

– Então vai com Deus, meu filho. E não deixe de telefonar. Está bem?

– Um beijo, mãe. Abrace papai e meus irmãos por mim.

Desliguei o telefone, fui tomar meu banho e me preparar para ir ao hospital-escola. Estava de saída quando a campainha tocou. Era Marta, apavorada; não falava coisa com coisa, chorava e gritava, puxando minha mão.

– Calma, Marta, o que aconteceu? Se você não se acalmar e falar direito não vou saber o que quer. Calma.

– O sapo, Maurício, o sapo.

– Sapo, que sapo?

– Sapo, um garoto da turma. Eu não sei o nome dele, nós o chamamos assim, é nossa mascote, ele levou um tiro e precisa de ajuda.

– Ajuda? E o que você veio fazer aqui? Vocês tem de levá-lo a um hospital!

– Não podemos, Maurício. Ele é procurado pela polícia. Os pais o enxotaram de casa quando souberam que ele usava drogas e nós cuidamos dele, mas andou arrombando alguns carros... Por favor, ajude-nos.

– Marta, eu sou estudante e não médico. Um tiro é coisa séria.

– Por favor, dê uma olhada. Se achar que precisa, nós o levamos ao hospital, mas ele só tem quinze anos.

– Quinze anos? Meu Deus, vocês são loucos!

– Vem, Maurício, vem.

Fiquei apavorado, um garoto de quinze anos expulso de casa, drogado, vivendo com uma turma de viciados e, ainda por cima, baleado. E eu, logo eu, teria de ajudá-lo, a pessoa mais insegura do mundo. Deus só poderia estar me testando.

Chegamos a casa em que Marta estava morando com mais umas quinze pessoas. Era um lugar sujo e malcheiroso. O lixo se acumulava nos cômodos, os móveis estavam desbotados e quebrados, e vi várias seringas jogadas. Como um ser humano chegava àquele ponto? Senti náuseas, muito medo e arrepios pelo corpo. Ouvia aquela risada cínica, como se estivesse me dizendo: ainda estou aqui.

Senti vontade de correr e sumir dali. Marta, percebendo minha reação, gritou comigo e me levou para um quarto onde um garoto que aparentava dez anos, e não os quinze anos que tinha, estava jogado em um colchonete no chão. Estava muito pálido e chorava assustado.

Aproximei-me dele. Examinei o ferimento em sua cabeça. A bala tinha passado de raspão, aberto um corte, mas não era grave. Estanquei o sangue, fiz um curativo, dei-lhe um sedativo.

– Agora, ele precisa ir ao hospital. Não é grave, mas precisa levar pontos e desinfetar de maneira correta.

– Não mesmo, chapa, daqui ele não saí – redarguiu Boca.

Pelo jeito, ele era o chefe da casa. Sujeito grandalhão e mal-encarado, que, apesar do tamanho, percebia-se que estava sendo consumido pelas drogas. Tinha olheiras profundas e uma cor esverdeada. Tive pena dele.

– Escute, eu sei de todos os problemas do garoto, mas ele precisa de cuidados.

– Ele não vai, eu já lhe disse. Se quiser, dê os pontos aqui mesmo, ou deixe curar assim. Cada vez que ele olhar para isso, vai se lembrar de não ser burro de novo.

– O que aconteceu para ele levar esse tiro?

– O doutorzinho está querendo saber demais. É melhor resolver o que vai fazer, ou se mandar logo.

– Eu não tenho o material necessário para dar os pontos, preciso buscar.

– Vai com ele, Marta. E vigie para que ele não dê com a língua nos dentes.

Fui até a faculdade, peguei o que precisava e voltamos. Fiz o que podia: levei antibióticos e cuidei do garoto da melhor forma. Ele estava muito assustado. Conversei com ele e prometi voltar no dia seguinte para fazer novo curativo e cuidar dele até ficar bom. Finalmente, ele adormeceu e eu fui embora. Chegando à faculdade tive de justificar meu atraso. Inventei uma mentira sobre o ocorrido com o Sapo e contei a verdade sobre o meu cansaço, deu tudo certo.

Trabalhei bastante, saí da faculdade ao anoitecer do outro dia. Estava cansado e me sentindo sujo. Marta estava na porta de minha casa me esperando. Disse que Sapo estava com muita febre e falando coisas sem nexo.

– Eu disse que ele precisava de cuidados especiais. O garoto está desnutrido, intoxicado de drogas e ferido. E, ainda por cima, morando naquele lugar imundo. Você queria o quê? Vocês vão matá-lo.

– Se ele morrer, você será cúmplice, não se esqueça. Dê um jeito de ele ficar bom.

Tive vontade de matar aquela mulher ali mesmo! Será que ela não via a gravidade da situação? E ainda por cima queria me envolver naquela sujeira! Tinha pena do garoto, por essa razão a acompanhei.

Chegando lá, o Boca estava me esperando de cara feia e querendo me intimidar.

– Olha lá, doutorzinho, se nosso moleque morrer, você também vai.

Perdi o controle, avancei para cima dele; agarrei-o pela camisa e gritei como um louco:

– Você quer me meter medo? Fique sabendo que não tenho. E, se o garoto morrer, vocês são os assassinos; então é melhor cometerem um suicídio coletivo. Só estou aqui porque quero e tenho pena do menino, por esse motivo; não me amole, já estou com você entalado em minha garganta. Agora desapareça, tenho mais o que fazer. E vocês tratem de deixar esse lixo de casa limpo, começando pelo quarto do Sapo. Não vou explicar o porquê, pois aqui ninguém é burro, só drogado. E andem logo, mexam-se.

Entrei no quarto do Sapo. O menino tremia, gemia, gritava, chorava. Estava ardendo em febre. Passei a noite ao seu lado, cuidando dele e pedindo a ajuda de Deus. Encontrava-me em uma situação muito delicada, tinha enfrentado aquele povo, mais por nervosismo do que por coragem. Sabia que estava no meio de um vespeiro. Apesar de eles estarem me obedecendo, sabia que, se algo ruim acontecesse, eles seriam capazes até de me matar, pois ao modo deles amavam aquele menino.

Foi uma noite longa e cansativa. Ao amanhecer, Sapo dormia tranquilo; a febre havia abaixado. Deixei instruções com Marta de como medicá-lo e fui para casa descansar. Nem ao menos tomei banho, dormi como estava.

Mais uma vez faltei às aulas, dormi o dia todo. Acordei já era noite alta. Sabia que precisava ir ver o Sapo. Era sexta-feira e prometi a mim mesmo ser rápido e voltar, pois sábado não teria mais desculpas para minhas faltas.

Arrumei-me, passei em uma farmácia para comprar ataduras e alguns medicamentos que o garoto precisaria, e fui para lá.

– Boa noite, amigão, está melhor hoje?

– Pensei que você não viesse mais, fiquei com medo de me sentir mal de novo.

– Eu não deixaria de vir, pode ter certeza.

– Certeza, essa é coisa que eu nunca tive, nem certeza de pai e mãe eu não tenho.

A voz daquele garoto era cheia de mágoa. Ele só precisava de carinho. Olhei para ele e pensei em meus pais, em tudo o que passaram comigo e nunca me abandonaram.

– Sapo, vai ver eles não tinham condições de entender e tratar de você.

– Qual é? Você não os conhece. Meu pai é juiz, doutor. Minha mãe é advogada. O que eles nunca quiseram era ter um filho. Eu ser drogado foi desculpa para se livrarem de mim.

Não consegui falar mais nada, olhei para trás e lá estava Marta com um sorriso cínico nos lábios. Abaixei os olhos e senti vergonha de julgar aquela gente. Quem sabe quantas histórias não haveria atrás de cada um deles.

Hoje eu sei que não existem histórias tristes, mas sim escolhas tristes. Em cada momento de nossa vida fazemos opções, porém, muitas vezes, fazemos opções erradas e não temos a consciência de que nós mesmos vamos vivê-las. As escolhas são nossas, portanto, o que der errado é culpa nossa e de mais ninguém.

Não fui embora como havia prometido a mim mesmo. Fiquei ali ao lado daquele garoto, sem falar, apenas ali. Sapo dormiu em paz durante toda a noite, e antes de ir embora ainda troquei seu curativo. Às vezes, Marta aparecia na porta e ficava olhando para nós, também silenciosa.

Voltei para casa, troquei-me e fui para a aula. Estava triste, descobrindo um mundo novo, melancólico, em que pessoas se perdiam porque não encontravam apoio, como no caso do Sapo, em que os pais possuíam dinheiro e cultura, mas não tinham amor nem dignidade.

Aquilo não saía de minha cabeça. Não consegui prestar atenção a nada. Ao sair da faculdade, fiquei andando pela cidade. Não queria voltar para casa. Na verdade, queria voltar para a casa de Marta, mas tinha medo do meu passado e do meu futuro, principalmente da minha instabilidade emocional. Estava de novo ficando deprimido, sentindo-me seguido por todos os demônios antigos. Contudo, agora, havia algo novo, não era mais apatia, era aceitação.

Não sei o que aconteceu daí para a frente. Só me lembro de ter acordado nauseado, sujo, com dores pelo corpo todo. Estava lá estirado no chão, havia urinado e evacuado em minhas roupas. Estava horrível e não me lembrava de nada. Marta estava ao meu lado, pálida, e também suja. Olhei para o outro lado sem entender o que havia acontecido. Sentado em um canto estava o Sapo.

– Bem-vindo ao nosso mundo, doutor.

Falou isso e saiu da sala. Fiquei apavorado. Tentei acordar Marta, mas ela continuava dormindo. Saí daquela casa como um louco. Não sabia como chegara ali. A última coisa de que me lembrava era de estar dentro do carro, depois disso não me lembrava de mais nada.

5
A perda de si mesmo

Era domingo, estava sozinho e desesperado. Cheguei a minha casa pensando em telefonar para meus pais, mas eu não tinha mais direito de atormentar a vida deles. Precisava resolver meus problemas sozinho, não era mais um garoto. Tomei banho e me deitei. Dormi a tarde toda; acordei com o telefone tocando. Era minha irmã.

– E aí, dorminhoco; aposto que estava dormindo, para estar com essa voz.

– Estava mesmo.

– Onde estava ontem que tentamos falar com você o dia todo e não o encontramos?

– Estava estudando na casa de uns colegas, varamos a noite. Só voltei hoje cedo.

– Está tudo bem, Maurício? Faz dois dias que mamãe está preocupada com você. Está tudo bem mesmo?

– Lógico, Marisa. Só estou com sono.

– Desculpe acordá-lo, mas eu e o Fábio temos mais uma semana de férias e se você não se importar gostaríamos de ficar mais um pouco aqui. Você está bem mesmo? Pode ficar mais um pouco sem nós?

– Vai ser ótimo ter sossego por mais uma semana; a casa sem gritaria; vou comer tudo sozinho.

– Você é mentiroso, sei que está morrendo de saudades de nós.

– Você é muito convencida, isso sim.

Passei o resto do dia como se estivesse abobalhado. Como havia chegado àquele ponto em que acordara? Esforçava-me para me lembrar e não conseguia, parecia que aquelas horas não faziam parte de minha vida.

Dormia e acordava suando e chorando, com medo daqueles gritos e coisas horríveis ditas no meu ouvido. Sofria e não sabia mais como reagir. Fui me largando até acordar de novo, no dia seguinte. Como um autômato, preparei-me para ir à faculdade. Não voltei mais à casa de Marta. Pensava muito no Sapo, mas tinha medo de voltar lá. A semana passou sem novidades, só que eu fazia as coisas porque tinham de ser feitas, não porque quisesse ou tivesse algum interesse para mim. Mais uma vez, atirei-me em cima dos livros, ocupando minha mente para não ter de lutar contra aqueles pensamentos.

Sábado, após as aulas, resolvi caminhar e correr em uma praça perto de meu apartamento. Minha cabeça doía, eu estava enjoado e desanimado. Sentei-me em um banco e fiquei ali sem fazer nada durante horas! Estava anoitecendo e não tinha vontade nem de me mexer.

– Olá, medroso.

– Marta... O que faz aqui?

– Fui procurá-lo e o porteiro do seu prédio me disse que o viu vindo para este lado há várias horas. Tive certeza de que estava aqui, atormentando-se.

– Eu não quero que você venha atrás de mim, deixe-me em paz.

– Não mesmo, você é meu! Está pensando que vai chegar, fazer farra e depois sumir? Você é meu, não deu para perceber que de mim você não foge?

Eu fiquei ali, apalermado, sabendo que ela estava com a razão. Eu não tinha forças para resistir ao que ela me oferecia. Entrei em desespero e saí correndo. Corri muito pelas ruas, sem nem ao menos saber aonde ia. Quando dei conta de mim, estava diante da casa de Marta. E lá estava ela sentada na soleira da porta me esperando.

Entrei, uma resignação doentia tomou conta de mim e me deixei levar. Aquele fim de semana foi o começo de um inferno, que depois parecia não ter fim. Ficamos nos drogando, bebemos, gritamos como desvairados, rimos sem motivo... No fim do domingo eu estava um lixo, mas não lutava mais contra isso.

Voltei para minha casa e começou uma época louca em minha vida, mais uma. Durante a semana era o estudante de Medicina comportado e sempre atento às aulas. Depois das aulas de sábado ia para a casa de Marta e fazia loucuras que nunca imaginei que pudesse fazer. Acreditei que conseguiria levar essa vida dupla e me convenci de que quando decidisse pararia.

Mais uma vez, os colegas e professores começaram a se preocupar comigo. Questionavam minha aparência e minha mente, que começou a falhar. Na época, achei-me muito esperto, pois comecei a me cuidar e, quando percebia que estava despertando suspeitas, maneirava com as drogas.

Meus irmãos, no início, tentaram me fazer enxergar o que estava acontecendo, mas com pena de meus pais, já tão sofridos, ficaram quietos. Quando chegava da farra no domingo de madrugada lá estavam eles para me banhar, alimentar e dar carinho. Eu ria deles, chamava-os de burgueses caretas, debochava da moral deles, para depois mais uma vez pedir perdão chorando, e assim mais uma semana se passava.

Meus pais começaram a aparecer sem avisar. Acredito que desconfiavam de alguma coisa, mas, como sempre, só perguntavam e observavam com muito carinho. Quando vinham durante a semana, tudo bem, mas, quando apareciam nos fins de semana, Fábio e Marisa diziam que eu estava de plantão, arranjavam um jeito de ir até a casa de Marta e me fazer telefonar para falar com eles e dizer que estava tudo bem. Minha aparência física não mudara muito; afinal, durante a semana vivia uma vida normal, alimentava-me direito, tomava até vitaminas.

Durante um desses fins de semana malucos, quando estava completamente drogado, subjugado pela minha fraqueza, Marta inventou uma história louca.

– Maurício, ofereceram-me um carregamento de cocaína pela metade do preço. Se comprarmos e vendermos, não precisaremos mais pensar em dinheiro, viver de esmolas de ninguém. E eu não precisarei mais me prostituir.

– O que, você...

– Vai me dizer que não sabia? Ou nunca pensou nisso? Como sempre faz de conta que não sabe! Como acha que pago minhas contas e compro minha droga, com a caridade alheia? Você é mesmo um trouxa.

– Eu nunca pensei.

– É lógico que não, você nunca precisou ganhar seu dinheiro, papai e mamãe pagam tudo. Ganho dinheiro nas ruas sim, nas mãos de todo tipo de homens, velhos, moços, faço de tudo, serviço completo.

– Não quero mais que você faça isso, eu lhe dou o dinheiro, mas não faça mais isso.

– Que dinheiro, cara, você é sustentado! Acha que a miséria que lhe sobra me satisfaria?

– Eu vou dar um jeito. Você vai ver.

– Eu sei de um jeito, mas você não vai topar, é medroso.

– Que jeito?

– Acabei de lhe falar: o carregamento de coca.

– E onde vou arranjar o dinheiro? Não me venha com histórias de pedir aos meus pais. O que eles têm é a casa deles, a clínica e o apartamento onde moramos. Esqueça! E, além do mais, ainda não esqueci a história das joias.

– Falei que era medroso.

– Chega, Marta.

– Então vou procurar outro, já o deixei uma vez, deixarei a segunda.

Saí de lá resolvido a não voltar mais. Se era isso que ela queria que procurasse outro, já tinha descido demais!

Aquele domingo cheguei a casa mais cedo e sem precisar de ajuda. Meus irmãos, felizes, rodearam-me. Não contei o que acontecera realmente, só lhes disse que havia terminado com a Marta e que não tinha mais volta. Eles ficaram alegres, incentivaram-me e não criticaram a Marta. Apenas pediram que orasse por ela, que ela precisava muito.

A semana foi um inferno. Não conseguia dormir, ouvia o tempo todo aquelas vozes sussurrando em meu ouvido. Diziam barbaridades, riam... Comecei a entrar em desespero, isso sem contar a falta das drogas. Na quarta-feira tomei várias pílulas para dormir com um copo de cachaça. Desmaiei na cama, só acordei no dia seguinte. Vendo que aquilo me fazia dormir e esquecer as vozes, passei a fazer isso todas as noites, escondido de meus irmãos. Ao acordar, tomava remédios para amenizar os efeitos da ressaca.

Eu já deveria ter aprendido que não temos controle sobre as drogas e reagido de maneira diferente. Mesmo que fosse para de novo pedir ajuda aos meus pais e irmãos, largar tudo, mudar minha vida por completo, até ter a certeza de poder enfrentar meus demônios, mas o nosso orgulho e o nosso medo de mostrar aos outros o que realmente somos acaba nos levando ao declínio moral, emocional e espiritual. Hoje eu sei de tudo isso, mas naquela época...

O pior era a apatia, a certeza de que eu não conseguiria, a certeza de estar apenas adiando o inevitável. Eu não vivia mais, arrastava-me pela vida, fugia de mim mesmo e das outras pessoas. Estudava como louco. Buscava nos livros uma maneira de ocupar meu tempo e minha mente. Lia muitos livros de Medicina. Estava sempre à frente dos outros colegas, mas também percebia que estava ficando difícil me concentrar e assimilar coisas novas.

Marta começou a me seguir, estava sempre na entrada do *campus* quando eu entrava e quando saía, observando-me silenciosamente. Ela parecia adivinhar onde estaria: encontrava-a nos supermercados, nas livrarias, na biblioteca; enfim, onde eu estava, lá estava ela, como a esperar o momento de minha queda.

Era um inferno; o conflito que se instalou em minha mente parecia minar minhas forças. Eu tinha a impressão de estar sendo sugado aos poucos para dentro de um cone que girava, girava e não me dava opções.

Esse foi meu erro, colocar-me no lugar de vítima, ter pena de mim, sentir-me o coitadinho que qualquer um poderia controlar e obrigar a fazer qualquer coisa. A opção, o livre-arbítrio, é um bem que Deus nos oferta para crescermos espiritualmente. As escolhas são nossas, assim como as consequências. É uma pena que muitas vezes só aprendemos isso depois de errarmos e sofrermos tanto!

O desespero foi crescendo com a minha ansiedade, com os meus pesadelos e com aquelas vozes, que gritavam obscenidades.

Estava sentado na praça perto de minha casa, quando Marta se aproximou e sentou-se ao meu lado. Era madrugada, estava sozinho e resignado ao meu destino. Ela me ofereceu um cigarro de maconha. Aceitei e fiquei ali quieto fumando. Ela se levantou e foi embora. Durante dez dias seguidos isso se repetiu, nós não conversávamos. Ela me dava o cigarro, eu fumava, ela ia embora.

Eu esperava essa hora com ansiedade, estava substituindo aos poucos as pílulas e o álcool pelas drogas. No décimo primeiro dia ela me ofereceu cocaína, eu aceitei sem dizer uma palavra. Apenas notava que a cada dia ela aumentava a quantidade, mas eu não me importava mais. Pensei em me matar várias vezes, mas era covarde demais. No fundo, sabia que estava fazendo isso, aos poucos, cheio de agonia e dor, e o pior, destruindo a vida das pessoas que mais me amavam.

Nessa altura, meus pais, que desconfiavam, mas ainda não tinham certeza, cultivavam grande esperança de que eu fosse forte e conseguisse enfrentar a vida com dignidade. Eles ainda confiavam em mim.

Meus irmãos não contavam nada a eles. Na época, meu pai não estava bem, tinha o coração fraco e acredito que se sentia muito deprimido. Minha vida era motivo de grande tristeza para eles, haviam envelhecido muito fisicamente, aparentavam ter mais idade, mas eu não enxergava nada disso, via somente a pena que sentia de mim mesmo.

Estava no fim do quinto ano de Medicina. Por incrível que possa parecer não tinha problemas na faculdade, era considerado um dos melhores alunos, embora todos me achassem esquisito. Agora eu sei que o curso de Medicina era a maneira que eu tinha de não perder totalmente a identidade com o mundo de meus pais. Agarrava-me aos estudos como o náufrago agarra a tábua de salvação.

– Maurício, podemos conversar?

– Precisa ser agora, Mané?

– Precisa. Você não tem mais tempo! Ou resolve e enfrenta seus problemas e procura se tratar, ou não terá mais retorno.

– Do que você está falando?

– Você sabe. Eu pedi por você no Centro Espírita e o mentor pediu para lhe dar esse recado: você está cercado de entidades infelizes e maldosas que o ajudam a se afundar.

– Eu não acredito nisso.

– Dê uma chance a si mesmo e a esses irmãos que precisam de ajuda. Venha comigo, sem compromisso. Se você não quiser, não volta mais.

– Vou pensar, se resolver ligo para você.

– Você não vai, eu sei. Que Deus o proteja.

Como das outras vezes, logo esqueci da conversa com Mané. As coisas foram piorando cada vez mais. Marta me pedia dinheiro para trazer as drogas, cada vez mais dinheiro. Fiquei dependente não só das drogas, mas da situação. Alienado, sozinho, com muita piedade de mim mesmo, encontrava na companhia dela uma sensação de estar no lugar certo, e, cada vez mais apático, fazia tudo o que ela ordenava.

Terminaram as aulas para os meus irmãos e eles foram embora para a casa de meus pais. Eu fiquei sozinho, tinha plantão, e também peguei a monitoria de um curso. Isso era estranho até para mim, eu era o melhor aluno do curso!

No dia seguinte ao da partida deles, Marta começou a dormir em minha casa. Voltamos a ter um relacionamento mais íntimo. Como sempre, nos drogávamos e fazíamos sexo sem controle, sem respeito por nós mesmos. Fui ficando cada vez mais dependente das drogas e de Marta. Considerando-me esperto, deixava para fazer minhas loucuras nos fins de semana. Conservava em mente um sistema de autodefesa, impunha-me uma disciplina. Durante a semana, abstinha-me de qualquer tipo de droga, apenas observava Marta e isso me satisfazia.

Meus pais ligavam e eu conversava de forma natural. Falava de meus plantões, da monitoria e de como era interessante o que estava fazendo. Não era mentira, realmente dessa parte de minha vida eu gostava e nela mantinha o interesse, então eles se tranquilizavam.

Passaram-se quarenta dias; nesse período fui para a casa deles apenas um dia, somente para deixá--los sossegados e impedi-los de ir ao meu encontro. Fábio e Marisa estavam namorando e por essa razão não pensavam em voltar antes do começo das aulas. Eu estava tranquilo quanto a ficar sozinho com Marta sem eles descobrirem.

Um dia, chegando a casa, encontrei Marta passando mal e vomitando muito; preocupei-me.

– O que você está sentindo, Marta? Drogou-se além da conta? Se for isso, precisamos ir para um hospital.

– Cale a boca! Você é burro mesmo. Dei bobeira e estou grávida. Drogada e grávida, já pensou que maravilha? No mínimo vai nascer um monstrinho.

– O quê?

– É surdo, também? Disse que estou grávida.

– Mas como? Você não está tomando o anti-concepcional? Eu comprei para você, tenho certeza.

– Esqueci, está bem? Esqueci.

Fiquei atônito, ela estava com a razão: usava muitas drogas e a criança poderia nascer com problemas. Pensei em procurar meu pai e conversar com ele, mas para fazer isso teria de contar todo o resto, e agora...

Não conseguia dormir nem pensar direito; até na faculdade o pessoal estava notando, ficava alheio às aulas. O problema não saía de minha cabeça; ao mesmo tempo que rejeitava a criança pelas circunstâncias, tinha consciência de que era um filho meu. Nesse dia, chegando a casa, encontrei Marta caída no banheiro no meio de uma poça de sangue. Peguei-a no colo, ela chorava como criança.

– O que foi, Marta, o que aconteceu?

– Eu fui a uma parteira que faz aborto. Eu fiz um aborto, tá bom?

– Oh! Meu Deus!

– Que Deus o quê? Deus não quer nem saber de você nem de mim. Maurício, está doendo muito.

– Eu vou ter de levá-la ao hospital. Deus do céu, se eu aparecer, vai rolar inquérito e eu vou me complicar.

– Deixe-me na porta do hospital, eu vou sozinha, depois volto.

Assim fizemos. Deixei-a na porta do hospital e logo ela foi socorrida. No dia seguinte, dizendo ser um amigo, telefonei pedindo notícias e fui informado de que ela estava bem e reagindo à medicação. Perguntaram-me se conhecia algum parente dela, eu disse que não e desliguei.

Mais uma vez, senti-me um covarde. Ela abortara sem me consultar, mas o filho era meu. Era meu dever ampará-la, apesar de tudo. Fiquei pior do que estava antes, sentindo-me um crápula. E, adivinhem... recorri às drogas para esquecer.

Passaram-se dois dias. No terceiro dia, à tarde, estava no plantão quando me chamaram ao telefone. Era Marta dizendo que estava em casa e sentia-se bem. Respirei aliviado; pelo menos ela voltara.

Em casa, encontrei-a deitada e drogada, pálida e muito abatida.

– Desculpe, Marta, por não ter tido coragem de ficar com você, de tê-la deixado sozinha.

– Sozinha... – falou dando risada. – Eu nasci sozinha, sabia? Sempre fui sozinha, por que iria esperar ter você ao meu lado? Ainda mais um covarde!

– Desculpe.

Fui me sentar no chão ao seu lado e prometi a mim mesmo compensá-la. Disse-lhe que nunca mais iria deixá-la sozinha e iria mimá-la e agradá-la. Marta adormeceu sorrindo.

6
Traição

Apesar de continuar aquela vida louca, ficamos mais próximos, ela sabendo de meu sentimento e eu querendo resgatar a culpa.

Marta era muito esperta, sabia como usar as situações para conseguir o que queria. No sábado propôs uma farra, só nós dois. Compramos bebida, drogas e nos trancamos no apartamento. Quando já estava bem fora de mim, ela me propôs vendermos o apartamento para comprarmos uma carga de cocaína. Ninguém precisava ficar sabendo. Venderíamos o apartamento para um amigo dela e, depois de ganharmos quatro vezes o seu valor, poderíamos comprá-lo de volta.

Achei um raciocínio brilhante. Concordei, só não entendia como faríamos isso, o apartamento estava no nome de meu pai.

– Já pensei nisso também. Você tem de fazer matrícula agora, não tem?

– Tenho.

– Então, você põe uma folha em branco no meio dos papéis e nós fazemos uma procuração para vender e comprar o apartamento.

– Não vai dar certo. E se meu pai vir a folha em branco?

– Você inventa uma desculpa, ora. Ou espera uma hora em que ele estiver muito ocupado, sem tempo para prestar atenção.

– Não sei, não. E se der alguma coisa errada e meu pai descobrir?

– É só fazer tudo direito e nada dará errado.

E assim fizemos. Em um fim de semana fui para a casa de meus pais e esperei o momento propício.

No domingo, minha casa estava cheia de parentes. Era aniversário de meu irmão caçula, o Lúcio. Já era noite e precisava voltar. Meu pai estava jogando truco com meus tios e, no meio daquela bagunça, apresentei os papéis para ele assinar. Ele nem olhou, nem questionou, mais uma vez confiou em mim.

Voltei para casa sem nenhum sentimento de culpa. Estava exultante por ter conseguido. E, como a Marta me dissera, iríamos ganhar uma grana e compraríamos o apartamento de volta. Cheguei a casa e para variar a encontrei drogada. Feliz, mostrei o papel assinado pelo meu pai, e ela simplesmente disse:

– Põe aí na mesa, depois eu vejo.

Fiquei chateado, achava que ela fosse dizer o quanto eu fora esperto e corajoso, mas, em vez disso, quase me ignorou. Tomei um banho e fui dormir.

No dia seguinte, ao acordar, Marta havia saído. Não me importei, às vezes ela sumia no meio da noite e depois voltava. No mínimo as drogas deviam ter acabado e ela fora comprar mais. Fui para a faculdade. Aquele dia me sentia leve e realizado; finalmente tinha feito alguma coisa que precisara de coragem, apesar de ter enganado meu pai. Mas ele nunca saberia. Voltei para casa no dia seguinte à noite e Marta não estava. Pensei em procurá-la, mas estava tão cansado que deixei para depois, primeiro iria dormir um pouco. Acordei de manhã e nada da Marta. Engraçado como não pensei na folha com a assinatura de meu pai, nem me lembrei dela, tinha a sensação de que precisava fazer alguma coisa, mas a ideia me fugia.

Passou-se uma semana. Fui atrás dela e ninguém sabia de seu paradeiro. Ela havia dito apenas que iria viajar em breve, mas não sabiam para onde ou se ela já fora. Comecei a ficar angustiado e perdido. Era ela que traçava o meu dia, que inventava as loucuras que fazíamos. Sentia muita falta dela. Chorei de saudade! Dormi, e nessa noite não tive pesadelos.

Pela manhã acordei com o telefone tocando. Era minha mãe, desesperada. Não falava coisa com coisa, estava difícil de entendê-la. Uma vizinha pegou o telefone e muito sem jeito me disse:

– Maurício, calma. Venha para cá imediatamente!

– O que aconteceu, Vânia? Minha mãe está doente? E meu pai?

– É seu pai, Maurício.

– Ele não está bem, Vânia? Pelo amor de Deus, diga-me o que aconteceu.

– Seu pai, Maurício, ele morreu.

– Meu pai...

– Ele se matou, Maurício, ninguém sabe o porquê.

– Meu pai se matou? Você enlouqueceu? Meu pai é uma pessoa equilibrada, não faria isso.

– Sinto muito, Maurício, por favor, venha, sua mãe está desnorteada.

Não sei como cheguei a nossa casa. Corri como louco pela estrada, não entendia como meu pai fizera uma coisa daquelas. Como pudera fazer aquilo com minha mãe? Será que estava com algum problema sério? Sabia que o único problema sério que eles tinham na vida era eu, e eles não sabiam de nada que estava acontecendo comigo! Então, o que seria?

Foi um dia longo, exaustivo e muito triste. Tivemos de preparar toda a documentação. Por ser suicídio, tudo ficou mais difícil. Os policiais faziam perguntas, os vizinhos estavam curiosos, e muitos interessados em especular a nossa desgraça, o desespero de todos nós e, acima de tudo, o desalento de minha mãe.

Meu pai não deixou nada escrito, nem um bilhete, nem uma pista qualquer. Em minha casa não tinha nada que pudesse nos fazer entender o que estava acontecendo. Ele foi enterrado e com ele o segredo que o levara àquele desespero tão grande, algo que ele não pôde suportar. Fiquei com minha família uma semana e voltei para a faculdade. Minha irmã trancou a matrícula para ficar com minha mãe e organizar tudo.

Passou-se uma semana, já estava de novo no meu apartamento quando o telefone tocou. Era Marisa, apavorada, pedindo a mim e ao Fábio para irmos imediatamente para casa. Esperei o Fábio chegar e fomos embora. Quando entramos em casa encontramos mamãe, Marisa e Lúcio sentados na sala, os três pareciam esculpidos em gesso, imóveis e pálidos.

– O que foi, Marisa, o que aconteceu para vocês estarem assim? – perguntou Fábio.

– É melhor vocês se sentarem. Nós descobrimos o motivo que levou o papai a fazer o que fez.

Sentamos, ansiosos e amedrontados, pálidos e trêmulos.

– Fale, Marisa. A senhora está bem, mãe? – perguntei.

Ela apenas acenou com a cabeça. Então Marisa falou:

– Papai perdeu tudo o que tinha: a casa, a clínica e o apartamento onde moramos.

– Como foi isso? – perguntou Fábio, apavorado.

– Parece que ele deu nossos bens como garantia em uma transação financeira e a coisa não deu certo. Perdemos tudo.

– Transação financeira? Mas o papai não era de fazer esse tipo de negócio, ele até criticava a ambição de quem participava desse mercado. Como ele iria dar, principalmente a clínica, que era a vida dele, como garantia em uma transação dessas? – comentou Fábio.

– Eu também não entendo, mas o dr. Cristóvão, advogado amigo de papai, examinou os documentos e disse que são todos legais. A assinatura é de nosso pai, com firma reconhecida e tudo.

– O que ele fez? Hipotecou os imóveis?

– Não, passou uma procuração geral e irrestrita para a pessoa com quem ele estava negociando.

– Procuração, Marisa? Você tem essa procuração aí? – gritei, apavorado.

– Calma, Maurício. Não adianta se apavorar, agora precisamos ficar calmos. A cópia da procuração está naquela pasta em cima da mesa.

Eu me atirei feito louco sobre a pasta, joguei todos os papéis em cima da mesa, procurando o maldito papel. Achei e vi que era a cópia de mais uma traição minha, era a folha que fiz meu pai assinar em branco. Não me lembro de mais nada. Quando acordei estava em um quarto de hospital, dando mais trabalho e preocupação para minha mãe, já tão sofrida.

Aos poucos, nossa vida entrou nos eixos. As dificuldades financeiras eram grandes. Alugamos uma casinha para a minha mãe, Marisa, Fábio e Lúcio morarem.

Marisa e Fábio pararam de estudar para trabalhar e me ajudar a me formar. Fizemos um trato: eu
terminaria a faculdade de Medicina com a ajuda
deles e depois os ajudaria a terminar as respectivas
faculdades. Tudo isso estava me fazendo muito mal,
ainda estava sendo ajudado e era o único responsável por tudo o que acontecera à minha família.

Mamãe, mulher forte, arranjou o que fazer para
ajudar nas despesas, cozinhava muito bem e logo
tinha uma grande freguesia para seus bolos, doces
e pães.

Lúcio sempre gostou de mecânica e ajudava
em uma oficina aprendendo o ofício e ganhando
algum dinheiro.

Quanto a mim, o sentimento de culpa era
grande. Eles nunca ficaram sabendo que eu tinha
levado aquele papel para papai assinar e que Marta
o havia levado embora e feito o resto. Apenas eu sabia
que papai havia se matado porque provavelmente
tomara conhecimento do que eu tinha feito, e isso
estava me matando dia a dia. Onde quer que fosse,
ou o que estivesse fazendo, sempre diante de mim
estavam os olhos magoados e tristes de meu pai.

Tinha muito medo de pensar seriamente no
assunto do suicídio de meu pai, que era um homem
forte e firme em suas convicções. Não conseguia vê-lo
como um suicida e, aos poucos, uma ideia maluca

foi se formando: passei a acreditar que ele havia sido assassinado. Mas, como sempre, não tinha coragem de levar adiante a ideia e esclarecê-la.

Continuava usando drogas, agora em quantidades menores, o dinheiro não dava para muita coisa. Também ganhava um pouco como monitor, estava morando em uma república e era um dos melhores alunos da turma. Ninguém nunca iria desconfiar de quem eu era realmente; mas eu sabia e não gostava.

Não conseguia olhar mais para minha mãe, achava que ela poderia ler em meus olhos o que havia feito. Um dia, quando estava em casa, sentado no quintal, embaixo de uma árvore, ela me disse algo que gelou meu sangue. Naquele momento tive certeza de que ela sabia, mas também nunca mais iria tocar no assunto.

– Um dia eu lhe disse que sua volta a esta casa não tinha preço, que bens materiais se vão, conquistamos outros, pois eles são substituíveis, que o que importava era estarmos todos juntos novamente. Você se lembra, Maurício?

Eu apenas acenei com a cabeça, sem coragem de levantar os olhos.

– Hoje, o preço de sua volta foi pago com bens materiais e com a vida de seu pai. Eu só espero que o preço valha a pena para todos.

Dizendo isso, ela virou as costas e entrou em casa. Chorei, mais uma vez chorei pelos meus atos, pela minha covardia. Marta sabia que podia fazer o que quisesse com aquele papel, ela contava com minha covardia, eu nunca iria abrir a boca para dizer a verdade. Naquele dia, as risadas dentro de minha cabeça se tornaram mais altas.

O sentimento de culpa cresceu de tal maneira que estava realmente enlouquecendo. Naquele momento de minha vida lutava com todos os meus demônios e fantasmas. E agora a ideia de assassinato rondava a minha cabeça, obrigando-me a lutar contra ela.

Na verdade, nunca lutei contra nada, tinha muito medo de enfrentar as consequências de meus atos. "Não" era uma palavra muito difícil de falar, por causa disso destruí aqueles que mais me amaram. Parei de usar drogas, não porque tivesse consciência do mal que me fazia, mas como punição, um autoflagelo pessoal, pois é difícil e doloroso se livrar dos vícios.

Depois de todos esses acontecimentos, tudo ficou muito difícil para todos nós, mas sempre recebemos a ajuda de bons amigos. Na faculdade, os colegas me ajudavam muito, dividiam comigo os livros, o lanche, o almoço. Quando não pude mais pagar a república, um colega me cedeu um quartinho no fundo de sua casa. Para minha mãe foi uma época de muito trabalho e tristeza. Hoje imagino o que devia sentir cada vez que olhava para mim, sabendo que eu havia desencadeado toda aquela situação, inclusive a morte de meu pai.

Meus irmãos sem estudar, trabalhando duro para o sustento da casa, inclusive o pequeno Lúcio. E eu mais uma vez o privilegiado entre todos. Na realidade, apesar de ser o causador de tudo, continuava estudando e fazendo o que gostava, só não era tão fácil como antes.

7

O preço de uma escolha

Mais um semestre se foi, um pessoal da faculdade resolveu fazer uma excursão até outra cidade. Iríamos no sábado de madrugada, acamparíamos e voltaríamos no domingo à noite. Fui convidado a participar, mas não tinha dinheiro, então recusei. Além do mais, não tinha vontade de me divertir, sentia muita tristeza e uma agonia cada vez maior. Aquela sensação de ser perseguido, de ter sempre alguém me observando com maldade estava cada vez mais forte, era como se o tempo estivesse acabando e eu tivesse de correr, mas correr muito para resolver algo que eu não sabia o que era.

Na quinta-feira, o rapaz que me cedera o quarto veio me dizer que ele e os irmãos tinham comprado três lugares para a excursão, mas não poderiam ir porque o pai havia enfartado e tinham de voltar para casa. Ele me ofereceu os convites e disse que eu não precisaria pagar; afinal, já estavam pagos e de qualquer maneira para eles estavam perdidos. Agradeci e aceitei. Logo em seguida liguei para casa e convidei Fábio e Marisa, os dois estavam precisando de um descanso e aquela excursão caiu do céu para nós três.

Eles ficaram felizes e começaram a fazer planos, ficamos de nos encontrar na sexta-feira. Viriam para dormir comigo e no sábado de madrugada estaríamos na entrada do *campus*, onde o ônibus nos pegaria. A animação dos dois me contagiou, passei o resto do dia e da sexta-feira em estado de euforia. Havia muito tempo não me sentia tão animado e feliz!

Quando os dois chegaram foi uma festa, estava com saudades e essa era uma oportunidade de mostrar a eles que eu estava bem. Não me drogava havia algum tempo.

Estava sendo muito difícil resistir à tentação, mas a imagem de meu pai diante de meus olhos, o remorso que sentia por ter sido o responsável por tudo o que estava acontecendo me impulsionavam a lutar contra o vício. Muitas vezes, sentia dores horríveis, a necessidade das drogas era tão grande que todo meu corpo tremia e suava em convulsão. Nesses momentos, recorria a um grupo de apoio da própria universidade e também ao Mané, que sempre me amparava.

Passou um bom tempo. Aos poucos e com muito sofrimento, fui me recuperando; infelizmente perdi o ano na faculdade. Fui reprovado, mas mesmo assim tinha planos para o futuro; afinal, já estava no sexto ano e me sentia mais seguro. Acreditando estar mais forte e firme nos meus atos, procurei direcionar minhas atitudes pensando em meu pai. Pareceu-me que estava dando certo. Todo dia orava por ele e pedia perdão; era um pedido sincero, pois, apesar de todos os meus erros, eu amava meus pais e irmãos. Um dia, de alguma maneira, iria recompensá-los.

A dúvida sobre a morte de meu pai me atormentava, e, quanto mais pensava no assunto, mais certeza tinha de que ele não havia cometido suicídio, mas não sabia como agir.

Naquela sexta-feira dormimos mais cedo, não me lembro nem de ter me deitado. Dormi como uma pedra; foi um sono tranquilo, sem pesadelos; levantei-me feliz e leve. Acordei Fábio e Marisa, tomamos café com leite, comemos nosso pão com manteiga e saímos felizes em direção ao *campus*. Chegamos adiantados e ficamos sentados na calçada conversando e vendo o sol nascer. Foi maravilhoso, era como se eu estivesse nascendo naquele momento, sentindo o calor morno daquele sol imenso! Senti muita paz, agradeci a Deus por me dar forças e sempre mais uma chance para recomeçar e resgatar tantos erros. A viagem foi tranquila, o motorista era divertido, contava piadas e cantava com a gente, a turma que foi em nosso ônibus era bem animada. Divertimo-nos e rimos durante todo o trajeto.

Chegamos ao camping e foi uma confusão danada para armar as barracas. Cantamos, nadamos, andamos a cavalo e, ao entardecer, fomos caminhar. Voltamos exaustos, tomamos banho e resolvemos fazer churrasco e uma bela fogueira. A noite estava fria; sentamos em volta do fogo; um dos rapazes tocava violão e uma garota cantava; aos poucos, todos nós cantávamos.

Ênio foi buscar cerveja. No começo recusei, depois achei que um copo não faria mal. Marisa me pediu para parar, pois sabia que eu não tinha controle. Concordei com ela e não bebi mais. Cansados, fomos para nossas barracas. Deitei e fiquei pensando, eram pensamentos confusos, dispersos, esquisitos, e a todo minuto vinham em minha cabeça coisas diferentes. Era como se eu tivesse várias cabeças pensando ao mesmo tempo. Sorri desse pensamento e resolvi dar uma volta para ver se o sono aparecia.

Saí andando pelo acampamento a esmo. Ouvia o som dos grilos, o barulho das folhas ao vento, além de vozes e sussurros. Andei até um grupo que estava sentado no escuro. Eles não conversavam, apenas estavam juntos; sentei-me com eles e quando vi estava com um cigarro de maconha na mão. Fiquei sem saber o que fazer.

– Fume logo, cara, e passe adiante.

Foi o que fiz. Fumei, aí veio mais um e mais um e não paramos mais. Depois tomei pinga, usei cocaína e entrei naquela jogada. Fui dormir exausto. Já estava amanhecendo quando entrei na barraca. Meus irmãos acordaram e, vendo-me naquele estado, começaram a chorar. Eu simplesmente dormi. Passei a parte da manhã dormindo e, quando acordei, estava sozinho. Tomei um banho e fui atrás de meus irmãos. Queria pedir desculpas, mas me disseram que eles estavam caminhando com a turma da Fisioterapia. Sentei-me em um canto e logo uma garota que havia se drogado comigo durante a noite se aproximou, convidando-me para me juntar a eles. No começo recusei, mas ela insistiu e me puxou; acabei cedendo. Em pouco tempo, estava tomando pinga e fumando maconha. Meus irmãos chegaram e tentaram me tirar dali, mas eu me recusei, inclusive disse que ia voltar com o ônibus deles, onde a maioria dos jovens era desse tipo. Os que não concordavam com a farra pediram para trocar de ônibus. Meus irmãos, com medo de me deixar sozinho, pediram para ir comigo.

Saímos às vinte horas do camping, bêbados e drogados, inclusive o motorista. A algazarra era grande, risadas, gritos... Havia casais se beijando e se acariciando, mas ninguém se importava com nada. Uma garota quase nua foi se sentar no colo do motorista, acariciando-o. Meus irmãos choravam e pediam para pararmos. Era um verdadeiro inferno, parecia que todos estavam loucos. O cheiro de maconha e álcool dentro do ônibus era absurdo e eu estava gostando e participando.

– Maurício, pelo amor de Deus, vamos descer no próximo posto, isto aqui vai acabar em desgraça – falou Fábio.

– Desgraça? Isso aqui está muito divertido. Relaxa, cara, tome alguma coisa.

– Maurício, olhe a Marisa, ao que você está expondo nossa irmã, ela não merece. – Meu irmão tentava me trazer à razão.

– Maurício, por favor, esses caras estão mexendo comigo; do jeito que está, daqui a pouco eu e o Fábio não vamos conseguir nos defender.

– Aí quem sabe vocês deixam de ser caretas – disse, saindo de perto deles e rindo alto.

Meu Deus, como me arrependo de não ter ouvido aqueles que me amavam; como me arrependo de tudo o que fiz!

Estávamos subindo uma encosta bastante íngreme e a garota estava sentada no colo do motorista. A bebida, as drogas, aquela agonia que nos levava ao desespero... de repente, todos ficamos quietos, levantei-me da poltrona e olhei à minha volta; todos estavam estáticos e em silêncio, foi como se naquele momento todos nós fôssemos avisados do que aconteceria em pouco tempo.

Só via a vegetação passando pelas janelas do ônibus, todos gritando e chorando, e o ônibus descia o abismo em disparada, sem controle. Olhei para os meus irmãos, eles estavam abraçados e rezando.

Depois disso me lembro apenas de um estrondo e muito fogo. Estávamos pegando fogo.

O mais estranho é que, apesar de o ônibus ter pegado fogo, não estávamos queimados, apenas machucados. Alguns muito machucados. Procurei meus irmãos e não os encontrei. Apavorado, olhava pela janela; eles deveriam ter sido arremessados para fora quando caímos. Gritei o nome deles e não houve resposta. Sentei no chão do ônibus e comecei a chorar. Estava desesperado, não sabia o que fazer. Tentei sair do ônibus e não consegui, era como se estivesse preso por grades invisíveis. Ouvia os lamentos e os gemidos dos feridos. O pior era a sensação de estar observando meu corpo todo queimado; tinha a impressão de que minhas entranhas estavam sendo devoradas por vermes. Alguns, gritando apavorados, diziam estar vendo seu corpo em decomposição.

No início, nada tinha lógica para mim; a ideia de que precisava fazer alguma coisa passava pela minha cabeça como rajada de luz, que logo se apagava. Minha cabeça estava cheia de ideias desconexas, os pensamentos vinham e iam embora, e eu não conseguia agarrá-los. Aproximava-me daqueles jovens tão desesperados quanto eu, tentava me lembrar das noções básicas de primeiros socorros, mas não conseguia coordená-las. Eu havia estudado para ajudar seres humanos, para aliviar suas dores, e agora estava ali, impotente e ao mesmo tempo com a certeza de ter algo a fazer. A situação me deixava desesperado, a aflição corroía minha mente e meu espírito. Eu sabia que havia algo errado com todos nós, mas não conseguia fixar minha mente para descobrir o que era.

Sentia a presença de alguém ao meu lado. Era algo muito forte e ruim, muitas vezes me via em outros lugares, lugares sujos, malcheirosos, onde criaturas eram escravizadas e torturadas e eu estava ali impotente, escravizado por aquela voz tão familiar. Nesses momentos, tentava fugir e voltar ao ônibus.

Hoje sei que por muito tempo vivi no umbral, e só consegui escapar por me sentir responsável por aqueles jovens.

Passou-se muito tempo. Eu estava ali apático e cheio de remorso. Sentei-me no chão do ônibus com a cabeça apoiada nos joelhos e lembrei-me do jardim de rosas de dona Dirce. Pensei como seria bom estar lá ao seu lado, ouvindo-a me dizer todas aquelas coisas que sempre nos impulsionavam para a frente. Nesse momento, bem dentro de meu coração, senti sua voz me dizendo:

– Levante daí, Maurício. Pé na estrada, você tem muito a fazer.

Enxuguei as lágrimas, levantei-me e comecei a cuidar daqueles jovens. No começo, tive de fazer um esforço tremendo para não me perder no emaranhado de pensamentos e emoções que turvavam o meu raciocínio, mas lentamente fui me tornando lúcido o suficiente para executar as tarefas que encontrava pela frente.

No ônibus havia uma maleta de primeiros socorros. Fiz curativos, apliquei injeções de analgésico para minimizar as dores. Estava exausto e me sentindo culpado. Eu era quase um médico, ninguém melhor do que eu compreendia os efeitos das bebidas e das drogas, e, em vez de impedir que eles as consumissem para evitar aquela desgraça, também participei e levei meus irmãos comigo.

Ao pensar em meus irmãos, entrei novamente em pânico e tentei sair do ônibus, mas meus esforços eram em vão. Pensei em minha mãe e em meu irmão Lúcio; quando soubessem que o ônibus havia desaparecido... Não gostava nem de pensar, minha mãe já havia sofrido tanto e mais uma vez eu seria responsável!

As pessoas me chamavam pedindo ajuda, e eu procurava fazer o possível com o pouco de recursos que tinha em mãos. Dizia-lhes que logo notariam que o ônibus não chegara a seu destino, e mandariam ajuda e seríamos socorridos. O que eu não sabia é que já haviam se passado dois anos desde o acidente.

Não sabia quanto tempo tinha passado, trabalhava muito tentando ajudar aqueles jovens, que como eu se acharam imortais em sua irresponsabilidade. Olhava pela janela do ônibus e gritava o nome de meus irmãos, mas não obtinha resposta. Cheguei à conclusão de que haviam morrido. Mas por que o socorro demorava tanto? Será que não tinham notado que não havíamos chegado?

Cuidava dos feridos quando me dei conta de que um dos rapazes, que sempre me ajudava nos curativos, não estava mais no ônibus. Procurei-o por toda a parte e não o encontrei. Senti um pouco de esperança, acreditei que, enquanto descansava, ele tinha conseguido sair do ônibus e fora pedir ajuda; informei a todos e ficamos ali esperando.

Sem noção do tempo, era como se estivesse tudo parado, como se o mundo aguardasse sermos socorridos para voltar a girar. Aos poucos, alguns jovens foram desaparecendo e notei também que em volta do ônibus pessoas passavam, mas não nos ouviam. Várias vezes bandos de sujeitos mal-encarados, dizendo palavrões e obscenidades, rondavam o ônibus querendo levar alguns com eles, mas resistíamos. Durante algum tempo rondavam o ônibus, depois iam embora.

Renato, um garoto de dezessete anos que fora com sua irmã, estava muito machucado, tinha muitas dores e febre, delirava e dizia que havia pessoas querendo ajudá-lo e levá-lo para um hospital. Sua irmã Márcia o desencorajava e afirmava que era delírio, para ele resistir e se manter consciente.

– Calma, Renato, é só um sonho, mas logo eles chegarão aqui com socorro e iremos para casa. Fique calmo!

– Mas eu vejo, Márcia, o vovô está aqui e quer nos ajudar, ele disse para termos fé e pedir ajuda de Deus.

– Maurício, dê algum remédio para ele dormir e calar essa boca, eu não aguento mais ouvir essas besteiras.

– Mas é verdade, Márcia, eles dizem que já morremos e que precisamos aceitar isso e a ajuda deles.

Isso aconteceu durante um bom tempo; Renato implorava para que sua irmã acreditasse e Márcia resistia, até que...

– Desculpe, Márcia, mas eu vou aceitar a ajuda que vovô me oferece. Quando eu me for procure encontrar a paz e acreditar em Deus e peça ajuda.

Dizendo isso, Renato se foi. Diante de nossos olhos ele desapareceu em uma névoa. Márcia começou a gritar e a chorar, acreditava estar drogada e que tudo fora uma alucinação.

Um dos mais graves problemas que enfrentamos foi a falta das drogas. Alguns jovens estavam tão dependentes que começaram a enlouquecer. Tornaram-se violentos, atacavam outros jovens por acreditarem que eles estavam escondendo as drogas. A certa altura, comecei a contar as pessoas que ainda estavam dentro do ônibus. Quando saímos do camping estávamos em quarenta e dois e agora éramos vinte e um jovens, eu não entendia como alguns conseguiam sair e eu, por mais que tentasse, não conseguia.

Mas não conseguia pensar muito, precisava cuidar dos que haviam ficado, minimizar suas dores, impedir os ataques violentos das pessoas que

vinham nos atormentar. Alguns tentavam se suicidar e não conseguiam. Por mais que cuidasse dos
feridos, os machucados estavam sempre sangrando
e eu não conseguia fazê-los melhorar. Na realidade,
tudo o que fazia era de maneira automática, não pensava muito no assunto. Agora eu sei que o amor e
as lições de vida que recebi de meus pais me valeram
muito. Acredito que não enlouqueci graças a isso.

Sentei-me no fundo do ônibus sozinho e comecei a pensar em meus irmãos. Senti que eles estavam
bem. Podia até ouvir a voz de Marisa pedindo para
que eu tivesse fé, que orasse e pedisse a Deus que
ajudasse a todos nós. Naquele momento chorei, mas
não foi um choro desesperado; eram lágrimas de
saudade, de paz, por saber que não estava só. Pensei
no jardim de rosas de dona Dirce e pude até sentir
o doce perfume.

A partir daquele momento, alguma coisa dentro
de mim foi se modificando; passei a ter mais calma
e paciência com todos, e o sentimento de culpa, o
remorso não me deixaram, mas foram ficando tole-
ráveis, era como ter certeza de que um dia iria entender tudo o que se passara comigo.

Trabalhava muito, medicando e conversando
com todos. Agora lhes falava sobre Deus, Jesus
Cristo, lembrava-me das histórias que meus pais e
avós me contavam sobre a vida de Cristo e passava

para eles; pedia que orassem para o socorro vir logo. Aos poucos, todos foram se acalmando, a necessidade das drogas estava sob controle e tudo ficou mais fácil. Hoje eu sei que isso se chama resignação: aceitar os acontecimentos e tirar, de cada instante de nossa vida, as lições que precisamos aprender. Não vou dizer que não senti mais desespero, porém conseguia controlar o medo e o remorso.

Nos momentos de paz, sentava-me no fundo do ônibus. Comecei a refletir sobre as coisas, conversava com meus irmãos, sentia a presença e ouvia a voz deles. Era um momento de consolo, tinha bons pensamentos e cultivava apenas coisas boas em minha mente. Reaprendi a orar e esperar com paciência. Agora éramos apenas doze pessoas. A maioria já havia ido embora. Cada vez que um sumia, eu agradecia a Deus e a quem nos estivesse ajudando.

O mais problemático de todos era o motorista. Ele não se conformava por ter se drogado, estava se mutilando e sofria horrivelmente. Era o único que conseguia andar em volta do ônibus, do lado de fora, e ficava ali se maldizendo e tentando consertar o ônibus, dizendo que iria nos tirar dali. Sentia muita pena dele; falava dos filhos e da esposa que tinha deixado, esforçava-se tentando reparar os estragos, dizendo que precisava voltar para sua casa. Era uma figura muito triste. Já estava todo deformado, sangrava bastante e por mais que tentasse ajudá-lo nada adiantava.

Havia um casal de namorados que continuava como se ainda pudesse se drogar; não sabia de onde vinha, mas eles sempre tinham drogas e não me ouviam, não se ajudavam. Márcia, a irmã de Renato, enlouqueceu; falava sobre o irmão, chorava e gemia sem parar.

Sandra, uma garota que se recuperou logo, ficou comigo. Não dizia uma palavra, mas me ajudava muito com os outros. Era como se soubesse do que eu precisava. Sem pedir, lá estava ela me trazendo o que necessitava. Passei a gostar de sua companhia e, durante os meus momentos de paz, ela vinha se sentar ao meu lado e ficávamos ali de mãos dadas ouvindo as vozes de nossos amigos a nos consolar e incentivar a ter fé e paciência. Os outros estavam sempre apáticos, ou choravam baixinho, ou dormiam.

8

Resgate para uma nova vida

Estávamos sentados de mãos dadas orando quando vi meu pai; ele sorria e me estendeu a mão.

– Venha, Maurício, você mereceu a ajuda, venha comigo, filho.

– Pai, como pode me ajudar depois de tudo o que fiz?

– Isso já não importa mais, Maurício. Importa que aprenda a lição e procure melhorar.

– Mas eu não posso ir, meu pai, não posso deixar os outros, preciso ajudá-los.

– Aqui você já fez o que podia, não conseguirá mais nada. Mas para onde vai poderá se preparar para ajudá-los da maneira correta.

– E meus irmãos, meu pai?

– Estão esperando por você e sempre estiveram ao seu lado, orando e pedindo.

– Pai, minha mãe e o Lúcio, o que foi feito deles?

– Não se preocupe, Maurício, eles estão se recuperando. Sua mãe é uma mulher muito forte e Lúcio também, eles foram preparados para enfrentar esses problemas. Não se preocupe, agora deve pensar em você, em se recuperar para poder ajudar os outros, inclusive sua mãe e seu irmão.

– Obrigado, meu pai, eu vou com o senhor.

– Obrigado, meu filho, por me ouvir.

Olhei para Sandra. Como poderia deixá-la? Ela havia me ajudado tanto!

– Pai, Sandra não pode ir conosco? Ela tem se portado tão bem, além de ter me ajudado a cuidar dos outros!

– Sandra, gostaria de nos acompanhar? – perguntou meu pai.

Sandra nos olhou e acenou com a cabeça que sim. Meu pai olhou para ela com carinho e muito amor, e disse:

– Você pode falar, Sandra, não é muda, tente... Diga-nos alguma coisa.

– Deus, muito obrigada – balbuciou com alguma dificuldade.

Foram suas palavras. As lágrimas escorriam por seus olhos e ela me abraçou sentida. Assim nós acompanhamos meu pai.

Fomos encaminhados para um hospital, onde ficamos algum tempo nos recuperando dos poucos ferimentos que restavam. Durante o tempo em que fiquei no ônibus e vagando pelo umbral, eles cicatrizaram, sem eu me dar conta. Também não havia prestado atenção a que os medicamentos daquela pequena caixa de primeiros socorros nunca acabavam, pelo contrário, era só pensar em algum remédio que me seria útil, lá estava ele, eram nossos bons amigos espirituais nos ajudando.

Marisa e Fábio foram me visitar com papai. Conversamos muito e eles me contaram que não viram a queda do ônibus, receberam a benção de serem desligados do corpo antes da queda. Acreditam que, por estarem orando e pedindo por todos nós, foram recompensados. O corpo deles foi atirado para fora do ônibus, e eles não sofreram, graças a Deus.

– Fábio, Marisa, preciso lhes pedir perdão, deveria tê-los ouvido.

– Não se entristeça, Maurício. Tudo acontece de acordo com as nossas necessidades. Tudo isso aconteceu por ser necessário o aprendizado ao nosso espírito; não lastime nem se sinta culpado, apenas trabalhe com caridade e amor para resgatar seus erros – respondeu Marisa.

– É isso mesmo, Maurício, quando você estiver pronto vai entender que tudo está certo, mesmo quando nos parece errado – completou Fábio.

– E nossa mãe, como está?

– Ela sofreu e sofre muito com o que aconteceu, mas tem muita fé e muito amor dentro do coração. Lúcio está bem agora. Estuda, trabalha na mesma oficina mecânica, é muito querido por todos, estuda Engenharia Mecânica, vai ter uma boa vida de acordo com seu merecimento – falou Marisa.

– Deve ter sido duro para eles perderam você, meu pai, e depois nós três de uma vez.

– E, devido à maneira como aconteceu o acidente, no exame dos corpos todos souberam que estavam usando drogas. Durante um bom tempo, além da dor da perda, sofreram com o preconceito de ser mãe e irmão de drogados, pois eu e o Fábio também fomos considerados drogados – falou Marisa.

– Mas isso é injusto, vocês não usavam drogas, a necropsia deve ter acusado isso.

– Sim, Maurício, mas as pessoas gostam de falar e aumentar a desgraça dos outros, e no fim todos fomos julgados como viciados, mas isso não importa mais – falou Fábio.

– Mas e mamãe? Deve ter sido horrível para ela!

– Ela sabe que eu e Marisa estávamos bem, ela conhecia bem seus filhos. O pior foi para o Lúcio, seus amigos se afastaram, pois seus pais diziam que irmão de três drogados só poderia ser drogado também. Ele ficou muito só, enfrentou muita chacota na escola, mas, da mesma maneira que o vento passa, os boatos também são esquecidos e logo aparece alguma coisa mais interessante para o povo falar. Agora os deixaram em paz. E a dona Dirce tem muita personalidade, nunca abaixou a cabeça para ninguém, com muito amor e humildade aceitou suas provações e foi abençoada com o apoio de bons amigos encarnados e desencarnados.

– Pai, quero lhe fazer uma pergunta, mas ao mesmo tempo tenho muito medo da resposta.

– Maurício, não há o que temer. Preste atenção a tudo o que viveu até agora, pois, apesar de todas as provações e de todos os seus erros, você sempre foi abençoado com o amor de nosso Pai. Não tema nunca a verdade, ela só nos liberta.

– Pai, eu não consigo acreditar que você se matou, é uma atitude que não combina com você.

– Descanse e se fortaleça, logo saberá de tudo o que houve.

Para mim e Sandra foi um período de recuperação e aprendizado. Estávamos sempre sendo apoiados por amigos que nos amavam. Depois da recuperação no hospital, fomos morar numa colônia com meus irmãos e meu pai. Passamos a frequentar cursos de aprendizagem na vida espiritual, orávamos muito, frequentávamos teatro, concertos de música fantásticos e participávamos de palestras.

Sandra foi trabalhar no hospital infantil, gostava muito de crianças, estava se preparando para reencarnar. Ela é uma pessoa adorável. Descobrimos que em outra encarnação fomos muito amigos, e essa foi a razão de termos nos ligado e nos compreendido com tanta facilidade. Hoje reforçamos essa amizade e nos propusemos a nos ajudar mutuamente, apoiando-nos, fortalecendo e consolando um ao outro.

Eu pretendia antes de tudo ajudar os amigos que ficaram no ônibus, que ainda estavam perdidos sem saber o que fazer. Cada minuto que passava, meu propósito aumentava e minha fé e vontade de ajudá-los também. Sabia que não teria paz para fazer planos futuros antes de resolver esse problema.

Procurei o monitor de minha turma, o Mauro, um senhor alegre e disposto a ajudar a todos, que nos tratava com muito carinho e paciência.

– Senhor Mauro, gostaria de lhe falar.

– Venha cá, Maurício, sente-se ao meu lado.

Estávamos no jardim do Educandário. O perfume no ar era adocicado, envolvente, as flores resplandeciam no fim da tarde e as pessoas passeavam conversando baixinho como se não quisessem per-turbar tanta paz. O que eu mais gostava era da or-questra de pássaros, os sons harmoniosos e suaves, o som da natureza... Não havia nada mais perfeito! Sentei-me extasiado ao lado do sr. Mauro. Ficamos ali quietos e emocionados diante de tanta beleza e tanta paz.

– Sabe, Maurício, muitas vezes, quando encar-nados, erramos porque não conseguimos guardar dentro de nós esse sentimento de paz, a certeza de que a vida é tão sábia e perfeita quanto este momento.

– O senhor tem razão. Se eu tivesse conseguido guardar isso dentro de mim, se tivesse tido fé para acreditar nisso, tudo teria sido mais fácil.

– Que as lições de ontem sejam o caminho de amanhã. O que o aflige, meu amigo?

– As pessoas que ficaram no ônibus, sr. Mauro, gostaria muito de ajudá-las.

– Você já está ajudando, orando e pedindo por elas. Não só você pede por elas, mas também aque-les que as amam. Quanto ao trabalho para resga-tá-las, este será árduo e doloroso, Maurício. Além disso, também precisaremos da cooperação dos ami-gos encarnados.

– Como isso é possível, sr. Mauro?

– Por meio de um Centro Espírita: um grupo de amigos encarnados e desencarnados que trabalham juntos para ajudar outros com orações e o trabalho dos médiuns.

– Eu já estudei essa parte de trabalhos espirituais e mediúnicos aqui na colônia. Mas como isso funciona com os amigos que deixei no ônibus?

– Depende muito do caso. Às vezes, só participar de uma reunião, ouvir as preces e a palestra já é suficiente. Outras, é necessária a comunicação do amigo desencarnado para conversar com um doutrinador por diversas vezes.

– Eu gostaria muito de participar, ir a um Centro Espírita e solicitar a esses amigos a ajuda necessária. Queria explicar o que se passou. Creio, sr. Mauro, que seria muito bom para mim. Talvez a minha história ajude outros a não cometerem erros semelhantes.

– Vou discutir seu caso com alguns amigos e voltamos a conversar.

– Tem outra coisa: uma dúvida está me afligindo. Durante toda a minha vida de encarnado tive a impressão de ter alguém ao meu lado, mas era um sentimento muito forte de ódio, vingança, como se me odiasse e quisesse meu mal.

– Esse seu sentimento era real. Todos nós, em algum momento de nossas várias vidas, fizemos inimigos, e alguns, quando desencarnam, tornam-se espíritos obsessores em busca de vingança. Com nossa sensibilidade mediúnica sentimos essa presença.

– Esse espírito obsessor nos acompanha depois do desencarne?

– Depende de onde você está; se sua vibração for igual à dele, sim. Mas, se você for socorrido e encaminhado a uma esfera superior, não. Apesar de que ele sempre estará pensando no objeto de sua obsessão, até se dar a chance de ser perdoado e perdoar.

– E como nós podemos resolver esse problema, sr. Mauro?

– Orando e doutrinando esse irmão sofredor.

– Então o que eu sentia eram as vibrações de um espírito que me desejava o mal?

– Era sim, Maurício.

– Gostaria muito de entender o que fiz para que me desejasse tanto mal. Talvez sabendo poderia ajudá-lo. Queria muito pedir perdão e oferecer minha ajuda.

– Existe um departamento ao qual você pode ir e solicitar uma regressão do período de sua vida em que angariou essa carga. Mas isso só será permitido se estiver preparado. Você deverá assistir a palestras e fazer uma entrevista, só depois poderá decidir se é o que quer.

– Irei até lá e tentarei saber se estou preparado ou não. Muito obrigado, sr. Mauro.

– Vá em paz, meu amigo. E lembre-se: tudo o que conseguimos é nosso mérito. A partir do momento que você teve consciência do desencarne e de seus erros, arrependeu-se, orou e pediu perdão, foi socorrido. Então, aqueles a quem for ajudar também precisam querer melhorar, é o livre-arbítrio.

Foi muito bom conversar com o sr. Mauro, pois a partir daquele momento novas ideias surgiram em minha mente. Passei a fazer planos para o futuro. Não pensem que foi fácil! Sofri muito até entender que só por intermédio do resgate conseguiria ter paz.

Naquela mesma tarde, solicitei uma regressão e me foram explicados os procedimentos normais; aceitei e marquei para assistir a uma palestra no dia seguinte. Na hora marcada lá estava eu. Ali foram explicadas todas as consequências de nos lembrarmos de atos passados, de velhos rancores e das maldades que cometemos e de que fomos vítimas. Depois, os instrutores nos pediram que fizéssemos questionamentos honestos para saber se estávamos aptos para enfrentar as recordações.

No começo, havia muitas pessoas prontas a fazer a regressão; aos poucos muitos desistiram por acreditarem não estar preparados. Ouvi todas as palestras, depois fui entrevistado por um coordenador na área de regressão.

Novamente, ele expôs todas as implicações, esclareceu-me pontos que eu não havia compreendido e me perguntou se era realmente o que eu queria. Respondi que sim, que queria muito resolver essa pendência em minha vida e ajudar esse irmão que tanto me odiava. Marcamos a regressão para o dia seguinte.

9
Antigos desafetos

No horário marcado lá estava eu, bastante ansioso, mas também consciente do que fazia. Entrei em uma sala onde um irmão iria monitorar minha regressão, que é como um filme ao qual assistimos, onde está gravado tudo o que fizemos.

Em uma encarnação anterior fui empregado de uma grande fazenda. Meu patrão era um homem idoso, mas muito forte. Não era ruim, mas também não fazia o bem a ninguém. Se um dos colonos precisasse de ajuda, nem precisava procurá-lo, ele não queria saber do caso. Viúvo havia vários anos, conheceu a filha de um amigo, moça jovem e bonita chamada Maria, e resolveu se casar com ela contra a sua vontade, em troca de interesses financeiros e políticos. O pai dela consentiu. Houve uma grande festa, mas os filhos do coronel ficaram muito revoltados, principalmente Odete, a filha mais nova, de dezessete anos, a mesma idade de Maria. João, o filho mais velho, morava no exterior, nem veio para o casamento. Do terceiro filho ninguém sabia a idade e nunca o tinham visto; ele era especial e vivia trancafiado, longe dos olhares de todos.

Após o casamento, as duas moças se odiaram e pouco se falavam. A vida de Maria se tornou um inferno; o velho coronel, estúpido e cheio de si, resolveu que queria outro filho e a atormentava por causa disso. Nessa época passei a frequentar a casa-grande, era o capataz da fazenda. Bem-apessoado, as mulheres me cobiçavam, tinha lábia para tratá-las, mas nenhum respeito por elas. Para mim, só serviam à minha luxúria. Aos poucos, e às escondidas, cortejei tanto a mulher quanto a filha do coronel. Uma era maltratada pelo marido e a outra considerada solteirona; ambas carentes de afeto e eu, muito esperto, aproveitei-me das duas e as ludibriei. Ora estava com uma, ora com a outra.

Depois de um tempo, descobri que ambas estavam grávidas. Maria havia meses era rejeitada pelo coronel, pois este dizia que ela não era mulher porque não engravidava. E Odete não tinha marido! Ambas começaram a me pressionar, queriam que eu fugisse com elas. Sabia que, se fizesse isso, teria de escolher uma delas, e, em qualquer caso, o coronel não me daria sossego nunca. Além disso, minha vida era muito boa para perder com duas choronas.

Passava o tempo todo pensando em uma boa solução para mim. Um dia, já noite alta, estava na cocheira quando Odete entrou desesperada. A gravidez já começava a aparecer e logo não daria mais para esconder. Estávamos discutindo quando percebemos a presença de Maria, que, chocada, começou a chorar e contou que também estava grávida e fora enganada por mim. As duas gritavam e choravam com muita raiva. O coronel chegou e ouviu toda a história. Furioso, pegou uma foice e matou as duas ali mesmo. Virou-se para mim e tentou me atacar, mas, mais forte e mais jovem, matei-o e enterrei o corpo ali mesmo, na cocheira.

Disse a todos da fazenda que o coronel e as meninas tinham ido para a cidade grande e que morariam lá durante um tempo. Quanto aos outros filhos, um morava no exterior e pouco se importava com o pai, o outro era deficiente e vivia trancado em um quarto no porão da casa-grande. Acabamos nos esquecendo dele, que morreu à míngua, sem alimentação nem água.

Fiquei na fazenda como se fosse o dono. Depois de um tempo disse que o patrão havia falecido e que Maria e Odete tinham ido morar no exterior. Ninguém questionou. Primeiro, porque o coronel não era amado por seus empregados nem por seus vizinhos, depois porque comigo no comando todos tinham compensações. Muito esperto, eu ajudava e sempre melhorava a vida de todos.

Quanto ao filho mais velho, sempre enviava uma parte do dinheiro do lucro. Em uma carta informei a ele a morte do pai e lhe disse que ficasse sossegado que cuidaria da madrasta e da irmã. Como ele não queria problemas nem responsabilidades acreditou, e ainda me doou como recompensa um bom pedaço de terra.

Durante a minha vida, agi só por interesse. Toda a ajuda que prestei ao pessoal da fazenda era um suborno para ficarem quietos. Desgracei muitas moças e nunca assumi filho nenhum. Desencarnei doente, velho e sozinho. Ninguém cuidava de mim, deixavam-me jogado na cama sofrendo, e passaram a comandar a fazenda. Em pouco tempo, destruíram tudo.

Desencarnei. O coronel e a filha lá estavam me esperando. Fraco, fiquei à mercê dos dois no umbral, até que fui socorrido. E lá estava Maria, pedindo por nós três. Eu aceitei a ajuda, mas Odete e o coronel não aceitaram. Descobri que Maria também é Marisa, minha querida irmã.

Saí do Departamento de Regressão gratificado pela ajuda recebida. Acredito que quando enfrentamos nossos erros, querendo realmente resolver os problemas de maneira definitiva e caridosa, fortalecemo-nos e tudo se torna mais fácil. Só temos de ter fé e acreditar que Deus, em sua sabedoria, não nos dá mais do que podemos carregar. A prova disso é o esquecimento benéfico para que possamos sempre recomeçar uma nova vida, sem ter conhecimento de nossas mágoas e erros anteriores. E a benção de podermos recordar quando estamos preparados para resgatá-los, pedir perdão e ajudar aqueles a quem tanto mal fizemos.

A partir daquele momento teria mais uma tarefa: ajudar os irmãos perdidos no umbral, com tanto ódio a destruí-los.

Sandra preparava um grupo de crianças para encenar uma peça infantil e me pediu ajuda para decorar o palco. O tema era a preservação da natureza. As crianças logo iriam reencarnar e trabalhar na reconstrução da natureza de nosso planeta. Aceitei o pedido com alegria.

Elas eram muito espertas e ativas. Estavam bastante animadas com a aproximação do dia da apresentação. A semana de trabalho com elas foi gratificante e muito divertida. Não há nada mais saudável do que a preparação ativa de uma comunidade que está prestes a reencarnar e com uma missão tão bonita e necessária. Aprendi muitas coisas com elas e admirei o trabalho que estavam se propondo fazer.

Eram cinco crianças que aparentavam ter entre nove e treze anos. Todas desencarnaram na mesma época e foram acolhidas no mesmo hospital. Logo se entrosaram e ficaram amigas. Artur; Cristiano; Patrícia e Priscila, que eram gêmeas na última encarnação; e Paulo, todos desencarnados por conta do câncer. Foram amigos que sofreram muito fisicamente, mas sem revolta e com bastante resignação. Ao se encontrarem no hospital, além do desencarne, acharam muitas outras coisas em comum, como, por exemplo, gostar da natureza e dos animais, ter vontade de ajudar a reconstruir o planeta e, acima de tudo, ter fé e bondade no coração. Nunca haviam se encontrado antes, seria a primeira vez que reencarnariam juntos, fariam parte de uma numerosa família espírita que também era muito unida pelos mesmos ideais. Tinham vários planos e se preparavam com afinco; acredito de todo o coração que eles conseguirão realizar o trabalho com muito sucesso.

Na reunião seguinte do meu grupo de estudo comentei o caso de meus novos cinco amigos. Todos se interessaram por suas histórias. Lourdes, uma senhora muito simpática, quis saber detalhes. O sr. Mauro então propôs convidar o grupo para que fosse nos visitar e contar um pouco mais sobre a vida deles. Ficou combinado que em uma semana teríamos a presença dos cinco em nossa reunião.

Durante a semana, trabalhei e estudei muito, e aquelas novas ideias de que falei cresciam em minha mente. Acho que estava encontrando o meu caminho para resgatar meus erros, mas teria muito ainda pela frente. Com paciência e boa vontade tenho certeza de que conseguirei, e com a ajuda de tantos bons amigos nada pode dar errado. Desta vez eu quero que dê certo. Há uma diferença muito grande em mim agora: a minha fé em Deus e em mim mesmo, que é verdadeira e forte. Sinto que estou crescendo espiritualmente, sinto-me muito bem.

10
Novos amigos

O grupo de jovens foi nos visitar e conversamos muito. Apesar de aparentarem tão pouca idade, demonstravam maturidade emocional e espiritual. Segundo relato deles, haviam optado manter a aparência da última encarnação, visando a reflexão dos envolvidos em suas atividades quanto à verdadeira importância da aparência física. Contaram-nos sua história. O primeiro a nos falar foi Artur, um garoto de aspecto franzino, com enormes olhos verdes e um rosto angelical, que sempre trazia um sorriso largo e sincero.

– Na última oportunidade, desencarnei com um câncer no cérebro, tinha nove anos.

Meus pais foram muito bons e pacientes comigo, nasci nesse lar para ajudá-los a resgatar uma dívida da encarnação anterior. Numa outra encarnação eles eram pessoas com muitas posses e influência na sociedade, mas muito orgulhosos. Tinham sob sua tutela três filhos: um perfeito, a quem deram de tudo e era o orgulho do casal. Uma menina muito doente, que sofreu demais com dores físicas e, principalmente, pelo descaso deles, que a escondiam com vergonha de sua aparência doentia. E um garoto, o caçula, portador da Síndrome de Down, que foi entregue aos cuidados de uma empregada, que o tratou com todo o carinho durante sua vida. O filho perfeito, que foi tratado com toda a atenção, vendo seus mais simples desejos realizados, apesar de ser o preferido, vivia de maneira bastante desequilibrada. Estava sempre na farra, não respeitava ninguém, nem a si mesmo. Para ficar sozinho como único herdeiro e sem a interferência de ninguém, trocou os remédios de sua irmã por veneno e mandou matar seu irmão, tomando o cuidado para que parecesse um acidente. Assim, ficou sozinho com os pais, que não questionaram a morte de seus filhos; afinal, estavam livres de um grande fardo. Em pouco tempo, ele acabou com a fortuna da família. Vivia dia e noite no jogo e na prostituição. Os pais, bastante idosos e adoentados, desencarnaram na miséria, sem a sua ajuda, que, ao vê-los pobres, abandonou-os. Nesta última encarnação esse filho perfeito foi meu pai; a filha doente, minha mãe; meu antigo pai foi um irmão que hoje é um franciscano, minha antiga mãe é uma irmã ainda encarnada, que cuidou de mim com muito carinho e agora cuida de meus pais, que estão doentes e prontos para desencarnar. E eu fui o garoto com Síndrome de Down. Aceitei ajudá-los durante esses nove anos, adiando meus projetos futuros, participando de grupos que trabalharão na reconstrução de nosso planeta. Quando era um deficiente, sentia-me muito bem e ficava quieto sentado no jardim de nossa casa observando as árvores, as flores, os animais, os pássaros, tinha muitas limitações materiais, mas absorvi muito daqueles momentos e, aos poucos, descobri como é importante manter o equilíbrio da natureza, não só para a preservação do meio ambiente, mas também para nós, para a recuperação do ser humano, pois, quando descobrimos quão perfeito é o trabalho de Deus, também conseguimos nos aperfeiçoar e crescer. Hoje vejo que o limite dessa encarnação teve sua função. Ajudei desafetos de outra vida, descobri uma nova razão para o meu futuro trabalho e encontrei grandes amigos com os quais reencarnarei. E, ainda, encontramos a família perfeita. Não é lindo o trabalho do Senhor?

Emocionados com as palavras de Artur, ouvimos a voz de Cristiano, garoto negro de olhar maroto, muito esperto, sempre sorridente e fazendo palhaçadas. Os amigos diziam que era a alegria do grupo.

– Bom dia! Sou Cristiano e aquele que acabou de falar se chama Artur – todos riram. – Na última encarnação, nasci numa família muito pobre, morávamos em uma favela e minha mãe trabalhava bastante fazendo faxina na casa de outras pessoas. Meu pai tinha um bom emprego e não ganhava mal, mas bebia tudo o que ganhava e não sobrava nada para nós. Desde que nasci fui uma criança doente, sempre fraco e com febre. Tinha menos de dois anos quando minha mãe me levou a um Posto de Saúde e o médico desconfiou de que eu tinha leucemia. Daí para a frente as coisas ficaram cada vez mais difíceis para minha família. Nem sempre havia remédios no Posto de Saúde. Minha mãe dava um jeito de comprar e meus quatro irmãos muitas vezes ficaram sem comida por causa disso, porém nunca reclamaram. Minha mãe foi trabalhar na casa de uma senhora muito caridosa, a dona Ofélia, que permitia que eu fosse junto. Dessa forma, ela podia cuidar melhor de mim. Aos poucos, fui me apegando àquela senhora, que cuidava de minha alimentação e brincava comigo. Um dia, ela chamou minha mãe e disse que ela e outras senhoras de sua sociedade estavam montando uma Casa para receber crianças com câncer e convidou minha mãe para trabalhar lá. Explicou-lhe que teria médicos, remédios e alimentação correta para atender às minhas necessidades e pessoas voluntárias para ajudar a cuidar de todas as outras crianças que necessitassem. Minha mãe aceitou. Tinha um salário melhor, as despesas extras e caras que tinha comigo acabaram, meus irmãos voltaram a ter o que comer e tudo melhorou com a ajuda dessa boa alma. Aprendi que, quando as pessoas se unem por uma boa causa, tudo se encaixa e melhora a vida de todos, pois todos se sentem felizes. Desencarnei aos onze anos. Senti poucas dores e fui cuidado com muito carinho. Minha mãe ainda trabalha na mesma casa. Minha irmã mais velha está com ela. Meus outros irmãos estão todos bem e encaminhados. Vivi essa encarnação com graves problemas de saúde, pois em vida anterior maltratei muito as pessoas, virei as costas aos necessitados, mesmo tendo condições de ajudar. Mas aprendi a lição. Estou me preparando para reencarnar nesse grupo de amigos, porque encarnado vi muita desgraça provocada pelo descaso do homem com a natureza em épocas de chuvas. Os barracos da favela onde eu morava deslizavam morro abaixo, havia enchentes, muita sujeira e morte. Gostaria de ver novamente aqueles morros cheios de vida nativa, árvores, flores e animais. Com a ajuda de Deus conseguiremos.

Aí vieram as irmãs Patrícia e Priscila. Cumprindo compromisso assumido entre ambas, vivenciaram uma encarnação como gêmeas, mas a aparência física delas era diferente: uma era loura de olhos azuis e a outra tinha os cabelos castanhos e os olhos verdes. Sentíamos muita paz com a presença delas, pois eram calmas e seus olhos expressavam bondade. Notava-se a grande amizade que as unia.

– Por favor, Priscila, gostaria que você falasse.

– Está bem. Patrícia e eu nascemos gêmeas para resgatar antigas dívidas. Tivemos a oportunidade de viver uma experiência como mãe e filha, porém nenhuma das duas respeitou isso. Patrícia era minha mãe, mas, devido a grandes dificuldades financeiras, acabou por escolher um caminho que naquele momento lhe pareceu mais fácil. Vivíamos num prostíbulo. Aos onze anos, ela vendeu minha virgindade a um senhor rico, que muito me maltratou. Para me vingar, procurei um homem que contratava espíritos trevosos e paguei para acabarem com ela. Ela ficou doente e eu me divertia com isso. Quanto mais ela sofria, mais eu pagava para piorar. Ela desencarnou e foi feita de escrava por esses espíritos. Mas, como o que fazemos aos outros, a nós mesmos estamos fazendo, também fui obsedada e desencarnei em desespero, sendo levada ao mesmo lugar em que ela estava como prisioneira. Lá, acusávamo-nos mutuamente de nossa desgraça. Até o dia em que passamos a nos ajudar e a defender uma à outra daqueles amigos tão infelizes. Começamos a caminhar juntas e, aos poucos, passamos a nos sentir melhor e até mesmo já ensaiávamos o bem, ajudando outros sofredores que encontrávamos pelo caminho. O dia que socorremos uma mocinha que estava sendo atacada por um grupo de espíritos ainda dependentes químicos conseguimos enxergar um irmão socorrista e este nos ofereceu ajuda. Resolvemos empreender um novo caminho de transformação, equilíbrio emocional e espiritual e nos preparamos para uma nova oportunidade. Reencarnamos filhas do senhor que me comprou. Desta vez, ele foi um bom pai e tudo fez para minimizar nosso sofrimento do corpo. Desencarnamos, primeiro eu, depois Patrícia. Resgatamos nossas dívidas e tivemos paciência e resignação no sofrimento. Nosso câncer foi provocado por excesso de radiação, pois morávamos perto de uma usina nuclear onde houve vazamento radioativo. Assim, propusemos-nos a lutar pela vida de nosso planeta.

Paulo, o mais velho dos cinco, era um rapazinho calado, tinha um olhar introspectivo, era louro de olhos azuis. Pedi que ele falasse.

– Meu nome é Paulo. Fiquei desencarnado por muito tempo após minha penúltima encarnação. Ainda um espírito vivenciando muitos desequilíbrios, acabei praticando atos terríveis. Passei muito tempo no umbral, perseguido por meus inimigos. Destruí muitas vidas e ajudei também a desenvolver muitas armas químicas, que até hoje provocam destruição. Fui cientista no período da Segunda Guerra Mundial. Estava ligado diretamente aos altos-comandos nazistas e tinha carta branca para fazer experiências com seres humanos. Capacitado como exímio hipnotizador, participava como comandante de tristes processos de transformação perispiritual, momento em que cooperei para a transformação física de muitos espíritos tão endividados moralmente quanto eu. Era um espírito que sofria dores morais inimagináveis. Não tinha compaixão por ninguém. Desencarnei durante um bombardeio, não preciso dizer que havia muitos espíritos enraivecidos à minha espera. Acabei aprisionado. O que fiz a outros agora faziam a mim. Consegui fugir e me escondi em um fosso imundo. Passei a receber a visita de um espírito socorrista, que conversava pacientemente comigo. Muito tempo depois, soube que ele era um filho que sempre rejeitei por considerar fraco. Ele não aceitava o que fazíamos naqueles momentos de insanidade. Assim, ele me ajudou muito em minha recuperação no hospital, depois na colônia. Não tive condições de reencarnar logo, tinha muito medo de cometer as mesmas barbáries, não me sentia seguro. Quinze anos atrás, Jarbas, meu filho, estava encarnado e sua esposa iria engravidar. Foi-me oferecida a chance da reencarnação, e, mesmo sabendo que eu sofreria com minha doença, aceitei. Até os três anos, levei uma vida normal: era uma criança feliz e muito bem cuidada pelos meus pais. Tinha uma vida farta e alegre. Mas adoeci e os médicos encontraram um tipo raro de câncer. Passei por muitos tratamentos, meus pais me trataram com todo carinho, amor e caridade que uma criança em minha situação necessitava. Aos sete anos, com muitas dificuldades, ainda estava vivo, mas meus pais sofreram um acidente de carro e desencarnaram. Meus avós, já idosos, não tinham condições de cuidar de mim. Um médico do hospital onde eu recebia atendimento disse a eles que em outro país havia uma clínica particular que cuidava de crianças com o mesmo tipo de câncer que o meu, que eles não teriam custo nenhum e que eu receberia os melhores tratamentos e poderia até sarar, só que teriam de abrir mão de minha tutela. Veio à casa de meus avós um senhor muito simpático, representante da tal clínica. Conversou com eles e lhes mostrou fotos de crianças tratadas pela instituição. Meus avós ficaram tranquilos e, em poucos dias, eu estava dentro de um avião a caminho de uma nova vida. Engano maior não poderia ter havido. As crianças ali eram cobaias para experiências médicas. Sofremos muito, foram quatro anos de horror. Vi amigos partirem mutilados e revoltados. Finalmente, desencarnei. Fui desligado por Jarbas e, graças a Deus, recuperei-me logo. Hoje estou rodeado por amigos extraordinários, orando a cada dia para ser merecedor desta nova oportunidade, para ser forte e firme em meus propósitos. Quando cientista, poderia ter feito coisas boas, porém apenas trabalhei para destruir o que Deus nos ofertou com tanto amor. Agora, aproveitando conhecimentos antigos e os novos que venho adquirindo, quero trabalhar para esclarecer à humanidade que tanta destruição somente trará danos a nós mesmos. Acredito fielmente em nosso sucesso, no sucesso do amor, da fé em nosso Deus Pai e na caridade. Que Deus abençoe a todos nós.

Todos nos emocionamos com tão belas histórias, que eram de crescimento espiritual, de arrependimento, mas, principalmente, de vontade de melhorar e resgatar erros pretéritos. Terminamos nossa reunião com uma bonita prece.

Os espíritos dos cinco amigos estavam comprometidos com excelentes planejamentos para que o futuro se transformasse por meio de processos educativos, mas uma coisa me intrigava: a aparência deles. Consultei o sr. Mauro.

– Senhor Mauro, sobre o grupo de crianças que nos visitou, achei-os muito sábios para tão pouca idade.

– Maurício, você se esquece de que vivemos muitas vidas! A sabedoria de que você fala nada tem a ver com a aparência. Eles apenas conservaram a de sua última encarnação. Poderiam ter se transformado em adultos. Diga-me, porém, o que isso mudaria.

– Realmente, acredito que nada mudaria, porque a essência de seu ser seria a mesma.

– Em *O Livro dos Espíritos*, Allan Kardec nos fala sobre o assunto nas perguntas 197 a 199-a. Diz que o espírito de uma criança pode ter vivido mais e por essa razão pode possuir muitas experiências e ter progredido mais que o de um adulto. Nossos amigos apenas escolheram permanecer com a aparência da última encarnação. Julgar pela aparência, meu amigo, é preconceito.

– Mais uma vez, agradeço sua paciência.

∼

Um dia, tive uma grata surpresa: recebi autorização para visitar minha mãe e Lúcio. Confesso que fiquei muito emocionado e feliz. Sentia muitas saudades deles e queria lhes levar bons fluidos. Queria que sentissem minha presença, mas, acima de tudo, queria que ficassem bem. Queria também lhes doar o meu amor. Sandra, meu pai e meus irmãos iriam me acompanhar. Sentia as lágrimas descerem pelo rosto, mas chorar era bom, pois mostrava que eu conseguira um grande feito. Que Deus abençoe a todos nós.

Passei dias me preparando, orando, treinando minhas emoções para serem controladas e não transmitir fluidos ruins para eles; meu pai ficou ao meu lado durante todos esses dias, fortalecendo-me e explicando como deveria reagir. Contou-me casos de amigos e também os seus momentos de reencontro com familiares. Enfim, como sempre fez em sua vida, confortou, apoiou e fortaleceu. Dessa vez, graças a Deus, fiquei ombro a ombro com tão valioso amigo.

Marisa e Fábio estavam sempre comigo, brincando, conversando, alegres e felizes. Sandra se tornou parte de nossa família, nossa irmã caçula, como a chamávamos. Um dia nos contou sua história. Estávamos sentados na varanda de nossa casa observando o amanhecer e ela começou a falar:

– Nasci em família abastada, sem problemas financeiros; porém era uma família pobre de sentimentos. Meu pai só pensava em seus negócios e em ganhar cada vez mais dinheiro. Minha mãe só queria saber de roupas, festas e jogos com as amigas. Quando souberam que eu não poderia falar, foi uma desilusão, eles não queriam uma filha para amá-la, mas sim para exibi-la como um brinquedo novo. Fui mandada para a fazenda e criada por uma babá, dona Soninha. Ela era muito boa, deu-me muito amor e sempre tentou justificar meus pais quando estes se esqueciam do meu aniversário, de me buscar para o Natal, para a Páscoa. Aos sete anos, comecei a estudar na escola de uma cidade mais próxima. O sr. João, marido de dona Soninha, levava-me e me buscava. Nas reuniões com os professores eram eles que iam e até me levavam ao médico. Enfim, tudo o que os pais fazem pelos filhos, eu recebi desses bons amigos. Certo dia, esperando por eles na porta da escola, eles não chegaram. Veio um funcionário da fazenda e me levou para casa. Lá, contaram-me que dona Soninha e o sr. João haviam sofrido um acidente e morrido. Fiquei sem rumo por um bom tempo; nas mãos dos empregados da fazenda, sem alguém realmente responsável por mim. Até que um dia meus pais foram me buscar. Fiquei feliz e os abracei forte, então minha mãe me explicou que estavam me levando para um colégio interno. Falou maravilhas do lugar e eu apenas escutei. Fiquei onze anos nesse colégio, raras vezes fui para a casa de meus pais nas celebrações em que as famílias se reúnem; nas férias, sempre arranjavam alguma colônia de férias para mim. Tive algumas boas amigas que sempre me convidavam para as festas de fim de ano, mas eu ficava com vergonha e dizia que meus pais iriam me buscar e acabava ficando com as freiras da escola. Era muito bem tratada, as irmãs eram boas e gostavam de mim. Entrei para a faculdade de Medicina, pretendia fazer parte de equipes de pesquisa médica, pois, devido às minhas limitações, não poderia clinicar. Estava no segundo ano quando participei da excursão. Já estava usando drogas, mas muito pouco e sozinha. Foi como se a partir delas construísse um mundo só meu; às vezes, era um mundo bom, do jeito que eu sonhava; em outras era um verdadeiro pesadelo. Depois do acidente, compreendi imediatamente que havíamos desencarnado. Na faculdade, escutava muito uma amiga falar sobre reencarnação, era minha companheira de quarto. Apesar de saber que havia desencarnado não me achava digna dos amigos que vinham me oferecer ajuda, então lhes pedi para me ajudarem a cuidar dos outros com Maurício. E eles sempre estavam lá quando os chamava pedindo medicamentos ou para controlar um dos amigos que estava fora de si. O restante da história vocês já sabem.

Ficamos ali ao lado de Sandra, orando e pedindo por aqueles pais. Será que eles sentiam a falta dela? Será que sofreram com seu desencarne? Só pedia a Deus que os abençoasse e abrisse seus corações para o amor e a caridade.

No nosso grupo de estudo fui conhecendo a história de cada um dos amigos, eram histórias comoventes de lutas, erros e acertos. A vida é mágica, ela tem um jeito todo especial de colocar cada um em seu devido lugar, e Deus é fabuloso, um amigo maravilhoso e sábio.

Mas a minha história eu não conseguia contar, ainda sentia muita vergonha de tudo o que tinha feito, e aqui só contamos o que queremos, temos liberdade absoluta de escolha, mas aprendemos que também somos responsáveis pelas consequências de cada uma delas.

11
Visita à família

Finalmente, chegou o dia de minha visita a mamãe e Lúcio. Eu estava feliz e, ao mesmo tempo, temeroso do que encontraria. Será que eles tinham mágoa de mim? Ao meu lado estavam meus irmãos, papai, Sandra e também o sr. Mauro. Logo estávamos em uma casa simples, pequena, mas muito limpa e cheia de luz. Era um domingo. Não tinha ninguém em casa; andei por todos os cômodos; o quintal era um mimo, cheio de flores, uma laranjeira carregada de flores, que exalava um delicioso perfume; existia muita paz dentro daquela casa. Papai se aproximou de mim e disse:

– Maurício, sua mãe e seu irmão estão chegando.

– Pai, eu estou bem?

– Ótimo, meu filho, ótimo. Não se preocupe.

A porta se abriu e mamãe entrou. Ela estava
bem mais velha e parecia serena e feliz. Logo chegou Lúcio; já estava um moço forte e bonito, parecia feliz e realizado. Entrou com ele uma moça de
aparência agradável e risonha.

– Dona Dirce, o que faremos para o almoço?

– Não se incomode, Lia, eu mesma faço. Fique
com o Lúcio conversando, em um instante está
pronto.

– Não mesmo, enquanto eu faço uma sobre-
mesa, o Lúcio lava as verduras para nós, não é?

– Vocês abusam de mim, só porque sou o
único homem nesta casa.

Todos riram felizes. Cheguei perto de minha
mãe e lhe fiz um carinho. Na mesma hora ela parou
o que estava fazendo e ficou quieta, como se espe-
rasse alguma coisa acontecer.

– O que foi, dona Dirce? – perguntou Lia.

– Nada não, minha filha, senti como se alguém
muito querido estivesse ao meu lado me fazendo
um carinho. – Mamãe sorriu, pensou em mim e
agradeceu a Deus: – Agora sei que você está bem.

Lia saiu para o quintal, sentou-se embaixo da
laranjeira e começou a orar. Saí atrás daquela moça

especial e fiquei diante dela, que me olhou diretamente, como se pudesse me ver, e sorriu. Li seus pensamentos como se ela estivesse conversando comigo.

– Maurício, sei que você está aqui. E acredito que esse senhor ao seu lado direito seja o seu pai, e esses dois jovens, Marisa e Fábio. Fique em paz, meu irmão; ninguém tem mágoa ou se ressentiu com você. Sua mãe está certa, agora estamos todos bem. Vá em paz e volte sempre nos trazendo esses fluidos de amor que estou sentindo.

Olhei para o sr. Mauro e ele me esclareceu que Lia era médium vidente e que se eu quisesse poderia responder, ela me ouviria. Cheguei perto de Lia; ela sorriu feliz.

– Lia, obrigado por suas palavras. Obrigado por cuidar de minha mãe e de meu irmão. Diga a eles que estou bem, trabalho e estudo, estou começando a resgatar meus erros. E realmente estão comigo papai e meus irmãos. Todas as vezes que me for permitido virei visitá-los para trazer meu amor. Que Deus os abençoe e proteja.

Lia entrou e chamou minha mãe e meu irmão.

– Escutem com atenção o que vou falar: a senhora, dona Dirce, agora há pouco disse ter sentido alguém lhe fazendo um carinho e falou que sabia que ele estava bem, não é?

– Foi isso mesmo, Lia.

– Maurício veio visitá-los, acompanhado do pai e dos irmãos. Pediu que lhes dissesse que estava bem, trabalhando e estudando, e resgatando seus erros. Disse a ele que no coração de vocês não existe mágoa nem ressentimento. Ele ficou feliz. Ah! Também disse que quando for permitido virá visitá-los.

– Que bom, minha filha. Eu sabia que era ele, senti seu perfume.

– A senhora estava certa, mãe; papai está com eles. Sinto muitas saudades de todos, mais da Marisa, chega até a doer – falou Lúcio emocionado.

– Depois de tão boas notícias, nosso almoço tem de ser especial. Lúcio, vá ao mercado comprar trigo e hortelã, vou fazer aquele quibe que seu pai e seus irmãos tanto gostavam.

Fomos embora felizes. Nunca imaginei que pudesse ser tão bom visitar as pessoas que amamos e ver o pequeno Lúcio já casado! Lembrava-me dele com cara de moleque e agora já era um homem, forte e feliz. Voltei para a colônia com outro ânimo, com vontade de trabalhar cada vez mais. Agora mais do que nunca tinha certeza de que poderia ajudar meus amigos. Procurei pelo sr. Mauro.

– Senhor Mauro, tive uma ideia que, acredito, dará certo. A Lia, esposa de meu irmão Lúcio, trabalha num Centro Espírita, não é mesmo?

– Isso mesmo, Maurício.

– Será que podemos pedir ajuda a eles para socorrer o pessoal do ônibus?

– Vamos nos reunir com o grupo de estudos e saber a opinião deles.

O sr. Mauro falou sobre o grupo de estudos porque seriam eles que iriam comigo ao Centro Espírita. Pediria a ajuda desses amigos contando minha história.

Marcamos a reunião em nossa casa para o dia seguinte, após nosso horário de trabalho. Todos compareceram e concordaram em me ajudar. Agora era só marcar com os amigos responsáveis pelo Centro Espírita e meu trabalho de resgatar meus companheiros de infortúnio começaria. Estava muito feliz, tudo estava caminhando como planejara, estava conseguindo cumprir minha parte.

O sr. Mauro ficou encarregado de conseguir a autorização para os nossos trabalhos no Centro Espírita que Lia frequentava. Eu aguardava com ansiedade. Meus amigos me apoiaram muito nesse período, fazendo-me recordar das lições de paciência, esperança e fé. Sandra, sempre ao meu lado, também tentava controlar sua ansiedade, e estava trabalhando com um grupo que atuava na área terrena onde seus pais moravam. Ela queria ajudá-los a encontrar a paz pelo amor e pela caridade.

– Sabe, Maurício? Eu sei que será difícil eles descobrirem como a vida é maravilhosa nessa encarnação, mas, se meu trabalho gerar uma sementinha no coração deles, já terei alcançado o meu objetivo.

– Sandra, às vezes não; talvez você consiga que eles entendam.

– Acho difícil, Maurício, eu os tenho visitado. Estão muito apegados às coisas materiais. Levam uma vida muito leviana e gostam disso. Imagine que se sentiram afrontados com a minha morte. Sentiram-se injustiçados pelo meu comportamento e hoje nutrem certo rancor por mim. A comunidade social em que vivem é muito mesquinha e maldosa, e as "amigas" de minha mãe não perdem a oportunidade de citar a minha passagem como vergonhosa para humilhá-la.

– É, infelizmente, ainda existe esse tipo de comportamento na Terra, por essa razão é chamado planeta da expiação. Mas, se precisar de minha ajuda, sabe que poderá contar comigo.

Os dias que antecederam o primeiro trabalho no Centro Espírita foram de muito estudo e dedicação. Eu queria estar bem preparado para conseguir ajudar meus amigos. Todos os que iriam comigo se esforçaram muito, formamos uma equipe coesa e unida por um mesmo objetivo. Um dos participantes, sr. Onofre, comentou:

– Na minha vida de encarnado sempre sonhei ter um grupo de trabalho como temos agora. É recompensador trabalhar na Seara do Senhor. O amor, a caridade e a fé fazem parte do ser humano encarnado ou não; é uma pena que demoramos tanto para entender isso. Nós mesmos complicamos a vida. É muito fácil e bom viver quando respeitamos a nós mesmos e a nossos irmãos. Gostaria muito de continuar a trabalhar com vocês, resgatando irmãos sofredores como faremos naquele ônibus. Poderíamos fazer tantas coisas boas, ainda temos um bom tempo de trabalho aqui antes de reencarnar.

Concordamos com o sr. Onofre e nos comprometemos a nos ajudar e a ajudar os necessitados do espírito. Após a saída de todos, o sr. Mauro me chamou.

– Maurício, nós precisamos conversar.

– Do que se trata, sr. Mauro?

– Sua mãe, meu amigo, como você sabe, está doente há algum tempo e a hora de seu desencarne se aproxima. Acredito que você gostaria de estar ao lado dela.

– Gostaria muito, meu amigo.

Minha resposta foi carregada de incerteza de meus próprios sentimentos; não sabia naquele momento se deveria estar feliz ou triste.

12
A chegada de minha mãe

Eu acredito sinceramente que os sentimentos são a base para todo bom relacionamento. Quando nos atemos aos sentimentos, tanto os nossos como de nossos irmãos, fica mais fácil entender o que se passa dentro do coração.

Geralmente, quando criticamos alguém por determinado comportamento, pensamos no ato praticado e nunca no que levou a pessoa a tal situação. Com esse raciocínio, não estou desculpando as nossas falhas, estou apenas tentando entender, pois aprendi que por meio do entendimento, da compreensão e da caridade conseguimos consertar e resgatar a maioria de nossos erros. E, o mais importante, ao entendermos a nós mesmos, modificamos nossas reações diante de determinadas circunstâncias, que normalmente nos desequilibrariam, e passamos a racionalizar nosso comportamento. Dessa maneira, evitamos mais erros e sofrimentos.

Estou falando sobre isso, pois hoje é um dia especialmente difícil para mim; minha mãe está prestes a desencarnar e, ao vê-la naquele leito, sofrendo as dores de sua doença, vendo a dor no rosto de Lúcio e de Lia; sabendo que, ao desencarnar, minha mãe vai sofrer por tudo o que está deixando para trás, torno-me triste e melancólico, ainda sinto dentro de meu coração grande remorso por não ter valorizado o amor que tive. Queria recompensá-los, livrando-os de qualquer sofrimento; mas também sinto certa euforia, que até me envergonha, pois poderei desfrutar da companhia de tão amável criatura.

Esses sentimentos também me deixam furioso comigo mesmo, pois sei que tudo está certo, que nada acontece fora da hora e que se a dona Dirce está a caminho da vida espiritual é porque é chegada a hora certa.

Então, resolvo meu problema orando e meditando sobre os ensinamentos de Jesus Cristo, pois devemos sempre caminhar em direção ao nosso Pai

Maior, uma vez que somos Seus filhos amados e não devemos temer a vida e sim vivê-la com muita alegria. Procuro me desculpar por esse momento de fraqueza; afinal, ainda estou aprendendo e fico muito feliz em saber o quanto ainda tenho de caminhar e aprender, e isso é muito bom.

Gostaria que todos entendessem que, quando desencarnamos, continuamos a ser o que éramos quando encarnados. Trazemos conosco nossas limitações, sentimentos, defeitos de caráter, carências; enfim, continuamos a ser nós mesmos e mais do que nunca precisamos lutar para melhorar. Aqui, no plano espiritual, temos a facilidade de não estar limitados ao corpo carnal. Temos certeza de que vale a pena continuar lutando, pois a vida continua, além de contarmos com a caridade de nosso Pai Maior, que sempre nos dá uma nova chance.

Há uma semana estou ao lado de minha mãe. Sua saúde é bastante precária; ela foi internada e está sob os cuidados de bons médicos encarnados e também da espiritualidade. O seu desencarne será rápido, sem sofrimento. Meu pai também está ao meu lado, como sempre, dando-nos força.

Lúcio e Lia se preparam para esse dia com muito amor e sabedoria. Eles sabem o quanto é importante para o desencarnado receber fluidos de amor e incentivo para a adaptação da vida na espiritualidade. Eles oram e pedem com muita confiança para que dona Dirce tenha um bom recomeço.

– Lúcio, Lia, por favor, se aproximem.

– O que foi, mamãe, você precisa de alguma coisa? – perguntou Lia.

– Não, minha filha, tudo o que necessito já está comigo, é o grande amor e carinho que tenho por vocês. Estou de partida, estou feliz, sei que Maurício e Mário estão aqui ao meu lado, eu sinto a presença deles. Quero pedir a vocês que se cuidem com muito amor e respeito, orem muito por nosso mundo, que está tão sofrido. Lutem pelos nossos jovens com sabedoria e muito amor e nunca descuidem de si mesmos. Com a graça de Deus, tudo farei para me recuperar logo, assim poderei ajudar a todos. Que Deus os abençoe.

Lúcio e Lia se abraçaram e viram dona Dirce partir em paz.

Na espiritualidade, desligamos minha mãe de seu corpo carnal com facilidade. Ela, em sua sabedoria e fé, aceitou com muito amor o desencarne. Nós a levamos dormindo a um hospital onde iria se recuperar.

Amigos espirituais ficaram com meus queridos irmãos fortalecendo-os e aplicando passes confortadores, pois, apesar de todo o entendimento que eles tinham a respeito da vida espiritual, era triste e traumático ver um ente querido partir.

Graças a Deus, estamos todos bem. Minha mãe acordou bem-disposta.

– Bom dia, senhor.

– Bom dia, Dirce, dormiu bem? Meu nome é Celso.

– Muito bem, obrigada. O que é aqui? Um hospital?

– Exatamente. Você se lembra do que aconteceu?

– Lembro sim. Graças a Deus, estou me sentindo muito bem. Posso me levantar?

– Se for de seu gosto.

– Obrigada, sabe onde posso encontrar meus filhos e meu marido?

– Maurício esteve aqui com a senhora há pouco tempo, agora foi cumprir um compromisso, mas deve voltar mais tarde.

– Gostaria muito de tomar um banho.

– Maurício já colocou algumas roupas limpas dentro daquele armário. O banheiro é ali naquela porta.

Dona Dirce se levantou e sorriu. Sentia-se muito bem, estava em um quarto agradável, simples e espaçoso. Notou que à sua direita uma enorme janela dava para um magnífico jardim. O dia estava claro e o ar, perfumado. Ela comentou:

– Sabe, Celso, aqui é do jeitinho que eu imaginava. Sinto-me muito bem, poderia até dizer que já
me sinto em casa.

– Fico muito feliz por você, Dirce. Vá tomar
seu banho, enquanto providencio algo para você
se alimentar.

– Obrigada, Celso.

Quando ela voltou ao quarto, encontrou uma
bandeja com uma suculenta sopa de legumes, algumas frutas e um jarro de água. Alimentou-se com
prazer. O que mais gostou foi da água: era fresca.
Sentia que uma energia passava para seu corpo e
entendeu que a água estava fluidificada.

– Celso, podemos dar uma volta por esse jardim encantador?

– Podemos sim, Dirce. Enquanto caminha-
mos, podemos conversar, se tiver alguma dúvida
poderá me perguntar.

E foi no jardim que voltei a encontrar minha
mãe ao retonar para o hospital.

– Maurício! Que alegria vê-lo. Como está
bonito!

– Mãe! Que bom abraçá-la de novo! Adoro
sentir o perfume de seus cabelos.

– Obrigada, meu filho, encontrei tudo o que
me deixou: o sabonete que uso, minhas roupas pre-
feridas... Ficou tudo do jeitinho que eu gosto.

– Você está se sentindo bem? Já até passeia pelo jardim!

– Estou encantada com o hospital, fico só imaginando a colônia. Quando lia nos livros sobre a vida espiritual, ficava imaginando tudo isso. Estou ansiosa para poder trabalhar novamente.

– Dona Dirce, a senhora desencarnou há poucos dias. Precisa descansar um pouco, passear, conhecer a sua nova morada e os novos amigos.

– E se puder fazer tudo isso sendo útil ficarei ainda mais feliz. E seus irmãos e seu pai, onde estão?

– Trabalhando, mas com certeza logo virão visitá-la.

Eu e Celso rimos com vontade. Sentia-me muito feliz por ter de novo dona Dirce ao meu lado. Tinha certeza de que aprenderia muito mais e com mais rapidez com ela, que é incansável e adorável.

E, mais uma vez, foi provada a benevolência de nosso Pai Maior. Pensei encontrar uma dona Dirce chorosa, lamentando a separação dos seus entes encarnados, mas, ao contrário, encontrei-a disposta a recomeçar uma nova vida.

13

Socorro aos amigos

No dia tão esperado, encaminhamo-nos para o Centro Espírita em que Lia trabalhava. Os trabalhos teriam início às vinte horas, mas a equipe espiritual chegava bem mais cedo para preparar o ambiente. Nesse Centro Espírita existia um plantão permanente, tanto da equipe de encarnados como da equipe de desencarnados. O prédio ficava em uma comunidade muito carente e ali era realizado um trabalho muito bonito direcionado aos jovens; esse trabalho também tinha como objetivo alertar sobre o tráfico e o uso de drogas, e já havia conseguido evitar que muitos jovens se perdessem e também recuperar muitos outros considerados perdidos.

Fomos convidados a participar dos trabalhos de preparação do Centro Espírita: como fluidificar água; livrar o ambiente de fluidos perniciosos e negativos; convidar os amigos desencarnados, que ficavam por ali rondando o Centro Espírita sem coragem de entrar, para participar de nossos trabalhos; e organizar a chegada desses amigos encaminhando-os para o tratamento adequado.

Um trabalho muito especial e bonito. O ambiente ali era tranquilo e cheio de amor; ouvia-se sempre ao fundo uma música suave e repousante, o ar era perfumado com aroma de rosas. Os amigos que ali trabalhavam eram agradáveis e demonstravam na fisionomia muita paz e segurança pelo que faziam.

Todos nós ajudamos e aprendemos muito. Sarita, uma moça de vinte anos, disse-nos que gostaria muito de trabalhar em um lugar como aquele. Quando voltássemos, iria pedir licença para isso. O que foi comentado pelo sr. Onofre:

– Seria muito útil aos propósitos de nosso grupo de ajuda termos um dos amigos trabalhando num Centro Espírita e quando os socorridos necessitassem os traríamos para atendimento. A Providência Divina é fantástica, meus amigos; aos poucos todos nós estamos achando nossas aptidões e com isso cobrimos todas as possibilidades para ajudar nossos irmãos.

Às dezenove horas os médiuns que trabalhavam no Centro Espírita começaram a chegar e preparar o ambiente para receber as pessoas que vinham à procura de ajuda. Logo, Lia chegou. Era uma pessoa muito querida por todos, foi cumprimentada com bastante carinho e começou a ajudar e orar para que pudéssemos realizar um bom trabalho. Aproximei-me dela com muito carinho. Ela sentiu minha presença e pensou: "Bem-vindo, Maurício, que hoje seja um dia muito especial para todos nós. Fomos avisados de sua visita e de seu pedido e nos preparamos para ajudá-lo. Com a ajuda de Deus e de tão bons amigos, tenho certeza de que alcançaremos nosso objetivo".

– Obrigado, Lia, que Deus abençoe seu trabalho.

– Terá uma grata surpresa hoje, Maurício. Seu irmão está frequentando nosso Centro Espírita e estudando a Doutrina Espírita. Estará aqui também para ajudar e apoiar seu trabalho.

– Obrigado, Lia. Para mim será um dia muito especial, como você disse, e com a presença de Lúcio estará perfeito.

– Que Deus nos abençoe e proteja nosso trabalho, meu irmão.

A presença de Lia, todo o seu amor atencioso e ilimitado, trouxe-me um alento muito grande. Lúcio tinha sorte de ter ao seu lado uma mulher tão especial, ou melhor, ele tinha merecimento para isso.

O prédio do Centro Espírita era grande e muito bonito em sua simplicidade; do lado de fora havia um pequeno jardim de rosas. No fundo, uma pequena e bem cuidada horta. O interior era todo pintado de branco. Tinha janelas amplas por onde entrava uma brisa fresca e perfumada. No salão principal havia uma mesa retangular com doze cadeiras e também cerca de trezentos lugares para os visitantes serem acolhidos. Tinha um ambulatório muito bem organizado, onde um médico voluntário dava atendimento gratuito às pessoas carentes. Havia uma ampla cozinha, onde era servido alimento para aqueles que chegavam famintos. Esses alimentos eram doados por amigos da casa. Havia uma sala mobiliada como uma escola, professoras voluntárias vinham ajudar crianças e adolescentes com problemas de aprendizagem, e, à noite, adultos que não tinham tido a chance de estudar podiam frequentar as aulas de alfabetização.

Na parte espiritual, o prédio era maior, o número de necessitados desencarnados era muito grande, havia um pronto-socorro e uma sala de atendimento para doutrinação. Logo na entrada, numa sala, ficavam socorristas fazendo uma triagem dos que chegavam para encaminhá-los de acordo com a necessidade de cada um. Tudo era muito limpo e organizado. Todos trabalhavam bastante, sem parar; principalmente quando havia reunião, o número de entidades a serem atendidas aumentava muito.

Fui ter com um rapaz simpático que ficava na porta de entrada do Centro Espírita, conversando com os que relutavam a entrar.

– Boa noite, sou Maurício. Eu o estava observando e notei que procura mostrar a esses irmãos o valor que teria para eles assistir a uma reunião. É isso mesmo?

– É sim. Meu nome é Nicolau. Como esses irmãos indecisos, um dia também fiquei na porta com receio de entrar e com vergonha de ser questionado sobre os meus atos passados. Um amigo passou um bom tempo conversando comigo, tentando me mostrar que o que importava realmente era aquele momento, o meu arrependimento, a vontade de melhorar. Passei meses conversando com ele, que, sempre paciente, a cada dia me contava uma história nova. Às vezes, eram coisas boas, atitudes caridosas, outras eram feitos maldosos, desastrosos, que haviam até mesmo levado pessoas ao desencarne.

E explicava-me que, no fim, o auxílio chegava e transformava a dor em esperança. Até que um dia ele me perguntou se eu sabia de quem eram aquelas histórias. Eu disse que deveriam ser de pessoas que tinham passado por ali, como eu. Ele sorriu e falou que as histórias que tinha me contado eram suas. Fiquei abismado, olhando para ele e procurando entender como alguém que estava ali ajudando os outros poderia ter feito tantas coisas más. Ele me olhou e perguntou se eu não queria aprender como ele havia feito para modificar o próprio caminho. Nesse dia, assisti à primeira reunião e não fui mais embora.

– Que história bonita, Nicolau. E que trabalho bonito você faz.

– Todos nós o fazemos, Maurício. É só querermos aprender.

~

Entrei de novo. O salão estava repleto, tanto no plano espiritual como no plano terreno. Eram muitas as orações e os pedidos de ajuda. Também havia aqueles que estavam ali por curiosidade, forçados a ir por algum parente ou amigo, mas a maioria buscava ajuda, e outros ajudavam.

Logo meu irmão chegou. Sentou-se na frente. Lia o cumprimentou com carinho. Eu me aproximei e senti esse bem maior sendo compartilhado com todos.

Os médiuns foram se posicionando e foi dado início aos trabalhos, com o pedido da presença dos mentores da casa e a ajuda de bons amigos espirituais com a aprovação de Deus. Uma senhora de aparência franzina e suave leu um trecho de *O Evangelho Segundo o Espiritismo*, que falava sobre "O Parentesco Corporal e o Parentesco Espiritual". É um trecho muito bonito que nos fala da amizade entre os espíritos; do verdadeiro parentesco, aquele que se perpetua; do relacionamento caridoso e desinteressado; da verdadeira amizade, aquela que praticamos sem olhar a quem.

O sr. Abílio, presidente do Centro Espírita, fez uma palestra muito bonita, aproveitando o texto lido. As pessoas que tinham dúvidas faziam perguntas e todos podiam participar. Após a palestra, ele agradeceu a presença de todos e os convidou a retornar na semana seguinte. Apenas catorze pessoas permaneceram na casa e se dirigiram a uma sala menor. As luzes estavam apagadas, só um ponto de luz azulada permaneceu ligado, dando ao ambiente aparência aconchegante e confortadora. Singela prece foi proferida por Lúcio e o atendimento espiritual foi iniciado.

Havia um número significativo de sofredores para serem atendidos. Assim, nossos amigos iam passando de um em um para verificar quais eram suas necessidades. No fim, todos foram atendidos.

A minha vez de ser atendido por uma médium estava chegando. Eu estava ansioso. O sr. Mauro me chamou e todo nosso grupo, meu pai, Marisa, Sandra e Fábio se reuniram em volta de mim. Aproximei-me de uma senhora e escutei seus pensamentos.

– Seja bem-vindo, meu amigo, espero poder ajudá-lo.

– Obrigado, senhora. Espero aproveitar com sabedoria essa oportunidade que me oferece.

– Vai aproveitar sim. Apenas pense no que gostaria de falar e eu transmitirei para você.

Aproximei-me mais de dona Irene. Sentia a minha volta a vibração de amor e carinho de todos os que estavam ali nos ajudando. Aos poucos, meus pensamentos começaram a fluir. Contei minha história desde meu nascimento, descrevendo tudo o que se passou comigo quando encarnado e a minha recuperação na vida espiritual. Falei de meus amigos ainda presos dentro daquele ônibus e também do coronel e de Odete, e solicitei a ajuda deles. Pedi perdão a Lúcio, pedi que me abençoasse e também me ajudasse mais uma vez. Senti a emoção das pessoas presentes e solicitei que contassem minha história a seus filhos, netos e amigos como uma advertência. Ofereci meu amor e minha ajuda a todos.

Graças a Deus, fui aceito e recebi a promessa de ajuda, assim começou uma nova batalha para resgatar meus erros. O nosso retorno ao Centro Espírita foi marcado para a semana seguinte. Enquanto isso, eu, Sandra e um grupo de socorristas deveríamos ir até o ônibus e começar um trabalho de higienização fluídica do ambiente.

Estávamos em quatro amigos: Leandro, Vera, Sandra e eu. Recebemos instruções de um monitor de resgate e oramos pedindo a proteção e a ajuda de nosso Pai Maior. Partimos esperançosos de trazer para tratamento aqueles que sofriam havia tanto tempo.

O ônibus estava quase do mesmo jeito de quando parti. O motorista assumira as minhas responsabilidades e cuidava de todos: ora corria para socorrer um que estava passando mal, ora fazia um curativo em outro, e conversava com todos, animando-os e incentivando-os a continuar.

Observei que alguns jovens já não se encontravam mais lá. Comentei com Leandro e ele me disse que dois rapazes, Márcio e João, e uma moça, Tatiana, haviam pedido ajuda e já estavam sendo tratados havia algum tempo.

Sentamo-nos no chão e passamos a emanar fluidos fortalecedores com nossos sinceros desejos de melhora e de cura a todos. Oramos por eles com firme postura mental. O nosso pensamento firme, alimentado pela fé e pelo amor, é um fantástico bálsamo restaurador. A caridade é o melhor remédio para quem a recebe e também para quem a doa; sentimo-nos muito melhor. Aos poucos, o ar de dentro do ônibus ficou menos fétido e denso, e pudemos perceber a sua leveza e a sua docilidade. Os jovens, que ainda permaneciam presos nas próprias dores, também mostraram na fisionomia, antes carrancuda e vincada pela expressão de dor, o alívio que sentiam. Afonso, o motorista, olhou à sua volta como se nos procurasse, sentiu nossa presença e respirou aliviado.

Márcia estava adormecida em um canto, mas seu corpo magro e maltratado era incessantemente sacudido por soluços, como se estivesse chorando. Lembrei-me de seu irmão e orei pelos dois. Aproximei-me dela e apliquei-lhe um passe. Ela se acalmou. Agradeci a Deus.

O casal de namorados, aqueles que continuaram a se drogar, estavam abraçados e cansados, choravam baixinho.

– Téo, tenho saudades de minha casa. Quando poderemos sair daqui? Será que morremos mesmo?

– Já faz tanto tempo que estamos aqui, sangrando, feridos, com essas dores horríveis... se ainda estivéssemos vivos, já teríamos morrido, Ju. Eu só não sei como nos livrarmos disso.

Aproximamo-nos dos dois, oramos e aplicamos um passe confortador. Eles se sentiram melhor e adormeceram.

– Estamos no caminho certo, meus amigos, eles estão se acalmando e já têm consciência de seu desencarne. Continuemos a orar e a vibrar com amor. Com a ajuda de Deus, no dia da reunião no Centro Espírita, todos aceitarão nos acompanhar – comentou Vera.

Voltamos a orar e cuidar de nossos amigos. Aos poucos, as feridas pararam de sangrar e Afonso, pelo merecimento de seu trabalho, já estava com a aparência quase normal. Admirei-me, pois quando fui resgatado ele apresentava algumas graves deformações. Comentei com nossos amigos o fato. Leandro completou:

– Quando tomamos consciência de nossos atos, arrependemo-nos e passamos a tentar corrigi-los, fazendo bem a outros, estamos fazendo por nós mesmos. A benevolência de nosso Pai é infinita e justa, e, como todo Pai amoroso, Ele está sempre pronto a nos auxiliar e perdoar, dando-nos a oportunidade de melhorar. Deus é justo e recompensa as boas plantações com boas colheitas.

Os outros cinco jovens estavam tão apáticos que pareciam bonecos jogados ali. Não tinham vontade própria. Trabalhamos toda aquela semana sem parar; cuidávamos de nossos amigos, orando, dando-lhes água fluidificada para beber e energizando o corpo deles. Conversávamos falando dos lugares onde poderiam estar, das maravilhas que poderiam encontrar dentro do amor, da caridade e da fé. Aos poucos, mais lúcidos, eles procuravam nos escutar. Calados, olhavam-nos com muita esperança. Estavam cansados de sofrer e, muitas vezes, de ter de se defender de entidades trevosas que vinham atormentá-los. Foram nos aceitando e, principalmente, aceitando buscar uma vida mais saudável e feliz.

No dia marcado para a reunião, todos estavam ansiosos. Havíamos conversado e explicado a eles o que iria acontecer. Alguns nos olhavam como se estivéssemos falando besteiras, outros com muita esperança. No fundo, todos esperávamos a ajuda de Deus Pai, por meio de bons amigos espirituais, dos nossos amigos do Centro Espírita e, em particular, de nossas ações, de nosso arrependimento, da vontade de melhorar.

Aquele dia amanheceu glorioso. Em volta do ônibus parecia ter uma luz radiante, que nos banhava e nos fazia melhores. Havia flores e brisa nas folhagens e parecia que estávamos em outro local. Eram bons amigos chegando para nos ajudar na tarefa para a qual tínhamos nos proposto. Da ansiedade, do medo que estava nos enfraquecendo, veio a certeza de que iríamos conseguir a paz que só sentimos quando estamos fazendo a coisa certa! Bendito seja, Senhor, por sempre nos dar uma nova chance!

Passamos parte daquele dia orando e aplicando passes em nossos irmãos. Foi um dia muito especial. Aprendi muito, aprendi que é mais fácil evitar erros e viver de forma correta, fazer as coisas certas, viver com amor, fé e caridade. Quando vivemos assim somos naturalmente felizes, e esse é um estado natural para nós. O Pai Maior como todo bom Pai só quer nosso bem e que sejamos felizes. Mas viver no erro... como é difícil, como é doloroso enfrentar nossos desatinos! Como é doloroso saber que somos responsáveis por tanta dor! Feliz daquele que consegue resgatar suas dívidas e ajudar a quem prejudicou. Peço a Deus para ser forte e firme em minha decisão, porque meu resgate não termina aqui, tenho um longo caminho pela frente.

Enquanto ficamos no ônibus ajudando os jovens, pedi ajuda a meu pai a fim de localizar o coronel e dona Odete, para que também recebessem tratamento, pois continuavam vagando pelo umbral. Meu pai se dirigiu ao Posto de Socorro perto daquela área e pediu ajuda, sendo informado que os dois moravam numa cidade umbralina. Acertamos que iriam conversar com eles e oferecer ajuda.

Meu pai e mais dois socorristas se encaminharam para o local. Era um quadro muito triste, havia entidades escravizadas e já mostrando graves deformações perispirituais. A cidade que visitaram estava ligada fluidicamente aos trabalhos de um terreiro de macumba onde os favores recebidos eram cobrados. O coronel e dona Odete, em troca de favores para atormentar seus inimigos, prestavam serviços para a comunidade.

Quando os encontraram, já estavam cansados e insatisfeitos com a vida que levavam, mas, mesmo assim, ainda guardavam muito ódio no coração. Meu pai e os socorristas se tornaram visíveis, o que os deixou muito desconfiados, porém curiosos.

– Boa tarde, amigos! Podemos conversar com vocês? – perguntou Clemêncio, um dos socorristas.

– O que vocês querem conosco? Se os virem conversando conosco, seremos castigados.

– Não se preocupem, eles não podem nos ver, estamos visíveis só para vocês.

– O que querem? Falem logo.

Enquanto o coronel conversava com o grupo de socorro, Odete se escondia atrás dele. Estavam em um estado lastimável: sujos e deformados, eram figuras tristes e sofridas.

– Vocês sabem quem somos?

– Sabemos sim, já ouvimos falar de vocês. Dizem por aí que só atendem quem os chama. Então não sei o que querem conosco, aqui ninguém os chamou.

– Realmente, coronel, viemos aqui a pedido de um amigo que se compadeceu de seu sofrimento e pediu que os ajudássemos, ao senhor e a sua filha.

– Essa é boa! Ouviu isso, Odete? Eles têm pena de mim, não sabem quem eu sou...

– Mas, pai...

– Cale a boca, aqui quem fala sou eu. Você já fez muita burrada. Agora tem de me obedecer.

– Coronel, conhece o seu estado? Sabe que desencarnou há muito tempo?

– Sei, sim. Foi melhor assim, fica mais fácil me vingar daquele canalha.

– Pois então, coronel, é ele mesmo que pede ajuda para vocês.

– O quê? Ele tem muita coragem! Destruiu minha vida, roubou minhas propriedades e ainda quer dar uma de bonzinho? Olhando bem, aquele ali é o pai dele, não é?

– É sim, senhor. Ele se arrependeu e agora quer reparar seus erros. Eu sei que o senhor e sua filha sofrem muito, as dores dos ferimentos não cessam, sangram sem parar, e vocês estão sendo maltratados. Será que já não é hora de recomeçar e melhorar?

– Por favor, meu pai, ouça-os! Eu não aguento mais, porém não quero abandoná-lo. Vamos aceitar a ajuda que nos é oferecida.

– Ouça sua filha, ninguém é obrigado a fazer nada. Se o senhor não gostar a qualquer hora poderá retornar, e prometo-lhe que, se isso acontecer, ninguém daqui ficará sabendo o que aconteceu, nem mesmo notará a sua ausência.

– Vou pensar.

– Então, amanhã neste mesmo horário nós os esperaremos aqui. Está bem?

Eles concordaram e se foram na escuridão. Assim, a equipe voltou ao Posto de Socorro.

No dia seguinte, no horário combinado, pai e filha esperavam pelos nossos amigos. Ao chegarem, notaram que os ferimentos de Odete já não sangravam, sua aparência estava melhor e eles tiveram a impressão de que ambos haviam se arrumado para encontrá-los. Odete chegou de cabeça baixa e atrás do pai. Apenas escutava a conversa. A certa altura perguntou:

– Como é o lugar para onde querem nos levar?

Meu pai sorriu para ela com muito carinho e começou a descrever o Posto de Socorro onde estava hospedado.

– É um lugar muito bonito, Odete. Ali vivem amigos que se dedicam a ajudar o próximo, e para isso se esforçam muito. É um prédio claro, onde a luz ilumina cada canto; durante o dia, o brilho dourado do sol nos aquece e ilumina a alma; à noite, a luz prateada da lua torna tudo mágico. Tudo é cercado por belos jardins, a vegetação é exuberante, as flores têm um colorido inimaginável, o perfume de rosas banha o ar e há muitas aves coloridas e com canto gracioso. Os amigos que trabalham no atendimento aos necessitados são pessoas de grande delicadeza, amor e caridade. E podem entender o que vocês sentem, porque um dia também estiveram aqui como sofredores.

– É verdade isso, senhor? O senhor já esteve nesse lugar horrível? – perguntou Odete a Clemêncio.

– Já sim, mas solicitei ajuda; procurei aprender a perdoar meus inimigos e ajudá-los. Agora vivo em paz e quando me é pedida ajuda faço o melhor que posso.

– Pai, o senhor escutou, vamos com eles. Já disseram que se quiser poderá voltar. Eu já perdoei o senhor por me matar, já perdoei o capataz por me iludir. Agora, peço ao senhor que me perdoe e aceite a ajuda oferecida e que também perdoe os que consideramos nossos inimigos. Eu não aguento mais tanto sofrimento! Sei que posso melhorar.

– Se você quiser, vá, eu ficarei aqui.

Odete se virou e se afastou muito triste. O coronel a seguiu. Clemêncio o chamou e disse:

– Senhor, amanhã na mesma hora estaremos aqui à sua espera. Vá com Deus.

Meu pai sentiu um pouco de desânimo. Achou que não iriam conseguir levá-los. Pedro, que sempre se mantinha afastado em oração, colocou a mão em seu ombro e disse:

– Nunca duvide da Providência Divina e acredite que qualquer criatura de Deus tem o amor dentro de si, só que alguns descobrem isso mais cedo que outros.

– Obrigado, Pedro, suas palavras me fizeram muito bem.

Meu pai passou aquele dia em oração. Queria muito ajudar aquelas duas criaturas tão sofridas; afinal, quando aceitassem o que lhes estava sendo oferecido, eu, seu filho, também seria ajudado. Levantou-se cedo e reuniu-se ao grupo de socorro; além do encontro com o coronel e sua filha, teriam também a missão de encontrar a mãe de um dos socorristas do Posto de Socorro, que havia desaparecido dentro da cidade umbralina. Saíram cedo e logo chegaram ao destino, sendo informados por outros socorristas que a senhora estava presa dentro de um fosso, castigada por não obedecer às ordens do chefe do bando a que pertencia. Entraram na gruta, um lugar muito úmido e quente, com odores fétidos e bastante sujeira. Andaram cerca de três quilômetros em declive e saíram em uma câmara baixa e escura, que era fechada por vibrações muito pesadas, porém não tinham efeito sobre eles, pois estavam em padrão vibratório diferente. Logo localizaram a senhora, seu nome era Leonor, estava muito assustada e sofria demais. Pedro passou a conversar com ela.

– Senhora Leonor, podemos ajudá-la?

– E por que o fariam? Faz tanto tempo que sofro e ninguém me socorre!

– A senhora solicitou essa ajuda? Para sermos ajudados precisamos querer mudar e consertar nossos erros. Perdoar quem errou conosco e também nos perdoar por nossos erros. Estamos aqui a pedido de seu filho, Valter, que vem acompanhando seu sofrimento, orando e pedindo seu resgate.

– Valter! Onde está meu filho? Também já morreu?

– A senhora desencarnou há mais de quarenta anos, dona Leonor. Tanto ele como seu esposo a esperam com muito amor e saudade.

– Por favor, levem-me com vocês, mas que ninguém veja, senão me seguirão e me castigarão.

– Sossegue e tenha fé. Para onde vai só entram os que querem melhorar e seguir os amorosos desígnios de nosso Deus Pai.

Assim, saíram daquela gruta levando precioso fardo. Mais um irmão resgatado. Pedro seguiu para o Posto de Socorro com dona Leonor. Meu pai e

Clemêncio ficaram para conversar com o coronel e Odete.

– Boa tarde, coronel. Sente-se melhor? – perguntou Clemêncio, notando que a aparência dele estava visivelmente modificada.

– Sinto-me melhor, sim. Estive conversando com minha filha Odete e resolvemos aceitar o convite. Estamos muito preocupados com meu neto, que até hoje não nasceu.

Apesar de desencarnados, os dois continuaram com a sensação de que Odete estava grávida. Na realidade, o espírito que iria encarnar ainda os acompanhava, sem notar que isso não seria mais possível. Todos foram encaminhados ao Posto de Socorro e tratados. Meu pai voltou à colônia muito feliz pelo trabalho realizado e nos informou que assim que eles tivessem condições seria programado um encontro, no qual poderíamos conversar sobre nossa vida e resolver nossos problemas da melhor forma possível. Para mim, imaginem o que significou essa oportunidade! Pensei: "Se ao menos tivesse escutado os conselhos de Mané e o tivesse acompanhado ao Centro Espírita, tudo já estaria melhor há muito tempo. Mas tudo tem sua hora e sempre nossos problemas são resolvidos, desde que nos esforcemos para isso; basta que tenhamos o firme propósito de aprender".

Recebi todas essas informações ainda no ônibus, e elas foram transmitidas por um amigo socorrista que veio nos auxiliar e convidar para que pudéssemos acompanhar um grupo de resgate do Centro Espírita. Seríamos encaminhados para lá e preparados para o tratamento espiritual, que era individual, a fim de que cada um recebesse o que lhe era necessário. Chegamos ao Centro Espírita. A atividade era intensa. Um grande número de desencarnados aguardava atendimento. Estava sendo feita uma triagem e, após essa providência, cada um recebia preparação para o tratamento. Nosso grupo de necessitados estava muito assustado. Téo e Ju permaneciam abraçados.

– Maurício, por favor, eles não vão nos separar, não é? – perguntou Téo.

– Amigos, acalmem-se, sintam a paz que reina aqui dentro. Sintam os fluidos benéficos, quanto amor estão recebendo! Acreditam mesmo que poderá ser feito algo para prejudicá-los? Há quanto tempo não se sentiam tão bem? Orem, fiquem firmes em sua fé, creiam na bondade de nosso Pai e coloquem em suas mãos o seu merecimento.

– Mas, se formos contar com nosso merecimento, Maurício, não somos merecedores de nada, só fizemos coisas erradas – falou Ju.

– Você se engana, Ju. Ninguém é totalmente mau, sempre doamos alguma coisa a alguém. Se vocês querem melhorar e querem ajuda, precisam acreditar na bondade de Deus, pois Ele acaba por encontrar algo de bom em cada um de nós; assim, acabamos por merecer oportunidades futuras.

– Não consigo entender o que você fala. Você me parece tão diferente do que me lembro! – exclamou Téo.

Feliz, eu sorri. Percebi que realmente sentia com muita emoção tudo o que falava. Estava mesmo diferente!

Márcia chegou perto de mim e pediu que segurasse sua mão. Estava com muito medo de não encontrar seu irmão Renato. Tinha receio de que ele tivesse sido levado por entidades trevosas, e não socorrido por espíritos melhores.

– Márcia, olhe ali na frente, você sabe quem é?

– Renato...

– Ele mesmo, Márcia. Vá até ele.

– Como está bonito!

Dizendo isso, ela correu ao encontro do irmão, que a recebeu de braços abertos com muito carinho. Aproximei-me deles e também os abracei. Ficamos ali conversando e matando as saudades. Depois fui conversar com os outros jovens.

Afonso estava muito assustado, tinha a impressão de que havia esquecido algo, queria a todo momento voltar para o ônibus. Mantinha ainda a impressão de precisar tomar conta daquele lugar, que durante tanto tempo tinha sido sua casa. Mostrava-se ansioso e nervoso, estava sendo difícil controlá-lo. Os outros cinco jovens, agora bem melhores, aguardavam com ansiedade o momento de serem tratados. Saíram daquela triste apatia e haviam se proposto a trabalhar juntos. Assim foi durante aquela semana: um apoiando o outro.

~

Encontrei-me com meu grupo de estudos, meu pai e irmãos. Estavam todos lá, mais uma vez, para me ajudar. Bem que se diz que quem tem um amigo é rico. Formamos uma equipe unida e cheia de amor. Apoiávamo-nos e incentivávamos uns aos outros. Estávamos sempre abertos para acolher novos amigos. Queria muito que os jovens que estávamos ajudando um dia fizessem parte de nosso grupo. Mas essa era a minha vontade, e hoje eu sei que dependia da vontade e do merecimento de cada um.

Sandra estava radiante. A todo momento, olhava para mim e sorria. Durante a semana que passamos no ônibus, não disse uma palavra, ficou todo o tempo concentrada em oração profunda. Quando olhávamos seu rosto, irradiava uma luz límpida e pura, seus fluidos nos fortaleciam e amparavam.

O Centro Espírita foi aberto à chegada de amigos encarnados. Logo chegaram Lúcio e Lia. Senti o amor deles e pude captar seus pensamentos de amor e incentivo. Senti-me mais fortalecido e preparado para o meu trabalho.

Os trabalhos foram abertos e foi lido um trecho de *O Evangelho Segundo o Espiritismo*. Transcrevo aqui o trecho, "Parábola do Bom Samaritano":

Ora, quando o Filho do homem vier em sua majestade, acompanhado de todos os anjos, se assentará no trono de sua glória e todas as nações estando reunidas diante dele, separará uns dos outros, como um pastor separa as ovelhas dos bodes, e colocará as ovelhas à sua direita, e os bodes à sua esquerda.

Então o rei dirá àqueles que estarão à sua direita: Vinde, vós que fostes benditos por meu Pai, possuí o Reino que vos foi preparado desde o início do mundo; porque eu tive fome e me destes de comer, tive sede e me destes de beber; tive necessidade de alojamento e me alojastes; estive nu e me vestistes; estive doente e me visitastes; estive na prisão e viestes me ver.

Então os justos lhe responderão: Senhor, quando foi que vos vimos com fome e vos demos de comer; ou com sede e vos demos de beber. Quando foi que nós vos vimos sem teto e vos alojamos, ou sem roupa e vos vestimos. E quando foi que vos vimos doente ou na prisão e viemos vos visitar. E o rei lhes responderá: Eu vos digo em verdade, quantas vezes o fizestes com relação a um destes pequenos de meus irmãos, foi a mim mesmo que o fizestes.

E dirá, em seguida, àqueles que estarão a sua esquerda: Retirai-vos de mim, malditos, ide para o fogo eterno, que foi preparado para o diabo e seus anjos; porque eu tive fome e não me destes de comer; tive sede e não me destes de beber; tive necessidade de teto e não me alojastes, estive nu e não me vestistes, estive doente e na prisão e não me visitastes.

Então eles lhe responderão também: Senhor, quando foi que vos vimos com fome, com sede, ou sem roupa, ou doente, ou na prisão, e deixamos de vos assistir. Mas ele lhes responderá: Eu vos digo em verdade, todas as vezes que deixastes de dar essas proteções a um desses mais pequenos, deixastes de dá-las a mim mesmo.

E então estes irão para o suplício eterno, e os justos para a vida eterna.[2]

Então um doutor da lei, tendo se levantado, disse-lhe para o tentar: Mestre, o que é preciso que eu faça para possuir a vida eterna? Jesus lhe respondeu: Que é o que está escrito na lei. Que ledes nela. Ele lhe respondeu: Amareis o senhor vosso Deus de todo o coração, de toda a vossa alma, de todas as vossas forças e de todo o vosso espírito, e vosso próximo como a vós mesmos. Jesus lhe disse: Respondestes muito bem, fazei isso e vivereis.

Mas esse homem, querendo parecer que era justo, disse a Jesus: E quem é meu próximo? E Jesus, tomando a palavra, lhe disse: Um homem que descia de Jerusalém para Jericó caiu nas mãos de ladrões que o despojaram, cobriram-no de feridas e se foram, deixando-o semimorto. Aconteceu, em seguida, que um sacerdote descia pelo mesmo caminho e, tendo-o percebido, passou do outro lado. Um levita, que veio também para o mesmo lugar, tendo-o considerado, passou ainda do outro lado. Mas um samaritano que viajava, chegando ao lugar onde estava esse homem, e

---

2. São Mateus, 25:31-46 (N.A.E.).

tendo-o visto, foi tocado de compaixão por ele.
Aproximou-se, pois, dele, derramou óleo e
vinho em suas feridas e as enfaixou; e, tendo-o
colocado sobre seu cavalo, conduziu-o a uma
hospedaria e cuidou dele. No dia seguinte,
tirou duas moedas e as deu ao hospedeiro,
dizendo: Tende bastante cuidado com este
homem, e, tudo o que despenderdes a mais,
eu vos restituirei no meu regresso.
Qual desses três vos parece ter sido o pró-
ximo daquele que caiu nas mãos dos ladrões?
O doutor lhe respondeu: Aquele que exerceu
a misericórdia para com ele. Ide pois, lhe
disse Jesus, e fazei o mesmo. (São Lucas,
10:25-37)[3].

Após a leitura dessa fantástica Parábola, o
sr. Abílio passou a palavra a outro membro do
Centro Espírita, sr. Manoel.

– Boa noite, meus amigos, sejam bem-vindos
a nossa casa, que todos possam receber o que vieram buscar. Gostaria de falar algumas palavras
sobre a fabulosa vida de nosso amigo Jesus Cristo.
O que vou lhes dizer é o que eu sinto a respeito de

---

3. KARDEC, Allan. *O Evangelho Segundo o Espiritismo*. 157ª edição.
Instituto de Difusão Espírita, 1978, p.197-9 (N.A.E.).

tão adorável amigo. Desde menino, quando alguém me falava sobre o filho encarnado de nosso Pai Maior, imaginava alguém muito especial, alguém iluminado. Jesus Cristo, para mim, sempre foi aquele amigo em quem podemos confiar nossa vida, aquele em quem podemos confiar para contar os nossos segredos. Mas, acima de tudo, aquele que nos puxa a orelha quando estamos fazendo alguma coisa errada. Li em um livro de literatura uma passagem muito bonita de nosso amigo: ele vinha entrando em Jerusalém montado em um jumento, mas era muito alto para os padrões da época e suas vestes e seus pés arrastavam pelo chão. As pessoas começaram a rir, pois era uma cena muito engraçada. Ele olhou e começou a gargalhar, então Pedro o questionou: "Mestre, por que ri, se o povo está querendo humilhá-lo?". Ao que Ele respondeu: "Pedro, acredito fielmente que não estás observando essa cena direito, preste atenção e também ria conosco". Para mim Jesus Cristo é assim, amigo divertido, bem-humorado, piedoso e feliz. Suas lições de vida são cheias de sabedoria, sem ser prepotente. Falou ao povo naquela época e foi sábio o suficiente para que também hoje entendamos o que disse. Trouxe para a humanidade uma visão caridosa e confortadora do mundo. Mostrou que nossos feitos têm continuidade e sempre teremos a benevolência de um Pai Caridoso a nos confortar nas dores e nos erros, e a nos felicitar nos nossos acertos. No trecho que acabamos de ouvir, Ele nos fala sobre a caridade ao próximo; façamos de suas palavras a seta que nos guiará nos trabalhos de hoje e de sempre. Que Deus nos abençoe e proteja.

Foram iniciados os trabalhos e logo estávamos trabalhando atendendo a muitos necessitados do corpo e do espírito. Novamente chegou a hora em que eu iria usar a incorporação para ajudar meus amigos. Aproximei-me de dona Neide e logo a ouvi.

– Boa noite, Maurício, seja bem-vindo aos nossos trabalhos.

– Boa noite, dona Neide, mais uma vez agradeço por sua ajuda.

– Não me agradeça, meu amigo, a cada trabalho e ajuda que ofereço a nossos irmãos sinto-me cada vez melhor.

– Que Deus a abençoe.

Logo passei a transmitir meus pensamentos a dona Neide, que os transmitia aos presentes.

– Boa noite, meus amigos, sou Maurício. Na semana passada estive aqui com vocês e lhes contei minha história. Pedi ajuda para trazer alguns amigos necessitados e que estavam perdidos. Passamos a semana no ônibus, preparando-os para que nosso trabalho de resgate fosse benéfico a todos eles. Estou muito feliz por poder informá-los que estão todos conosco e a maioria já aceita o desencarne e até vislumbra projetos de vida. Márcia está aqui com seu irmão Renato; graças a Deus, estão juntos e felizes. Téo e Ju estão um pouco assustados e com medo de serem separados, mas a Providência Divina não fará isso, eles vão para um hospital e depois poderão morar conosco na colônia. Temos um grupo de cinco jovens maravilhados com a nova vida que lhes está sendo mostrada e já fazem muitos planos de trabalho juntos. Peço a vocês ajuda para nosso amigo Afonso, ainda muito perturbado, que deverá ser encaminhado para tratamento. Mais uma vez agradeço a todos vocês, encarnados, aos nossos amigos espirituais e ao nosso Pai Maior por poder estar aqui realizando um trabalho de amor e caridade. Fiquem em paz. Neste grato momento, minha alma está em júbilo. Estou conseguindo. Depois de tantos erros, estou fazendo algo certo e me sinto ótimo, tenho vontade de pular, cantar e chorar. Bendito seja este momento. Todos foram encaminhados e estão sendo tratados. Afonso fará um tratamento mais demorado e especial, mas também conseguirá.

14
O momento de Sandra

Sandra veio me procurar e pediu minha ajuda: precisava fazer alguma coisa por seus pais. Sua mãe estava muito doente, com câncer no seio. Seu pai pouco tomava conhecimento dos problemas da esposa, ela estava sozinha, sem amigos e sem parentes.

Lídia era seu nome. Nascera em uma família de pessoas simples, mas desde pequena possuía uma ambição muito grande. Inconformada com a vida simples e pobre de sua família, dizia para quem quisesse ouvir que ainda ia ser muito rica. Norteou sua vida nessa direção. Estudou Direito e na faculdade conheceu

Carlos, um rapaz muito vaidoso de sua tradição de família, rico e prepotente. Ambicioso por poder. Lídia, muito esperta, despertava nele a vaidade e o adulava. Vestia-se muito bem, era muito bonita e desejada por vários rapazes. Às vezes, dava-lhe importância, outras o ignorava e adulava outro. Tornou-se um desafio para Carlos e cativou-o com seus dengos e fitas. Com receio de ser passado para trás por alguém mais esperto, pediu-a em casamento. Lídia mais do que depressa aceitou e tornou-se sua companhia inseparável. Passou a ser adulada pelas pessoas do círculo de amizade de Carlos.

Envergonhada de sua origem, inventou uma história e dizia a todos que era órfã de um comendador, que a mãe morrera ao dar à luz e que não tinha parentes. Carlos a apoiava e confirmava. Aos poucos, todos se acostumaram com sua presença e não faziam mais perguntas.

Nessa época, Carlos já a sustentava, pois ela saíra de casa sem nem ao menos despedir-se dos seus. Nunca mais os procurou, nem para saber se estavam vivos ou mortos. Casou-se e foi morar na mansão dos sogros. Abandonou os estudos para ser madame, como costumava dizer. Carlos formou-se e prestou concurso para juiz. Passou. Tornou-se famoso, seu escritório de advocacia crescia e empregava muitas pessoas, mas ele se preocupava apenas com as aparências e com a influência já conseguida. Ambos conversaram e chegaram à conclusão de que deveriam ter um filho. Seria o único, pois não tinham paciência para mais de um, e só o teriam porque a sociedade já lhes cobrava. Lídia engravidou e nasceu Sandra, uma criança bonita e saudável. Contrataram uma babá, pois, com a vida social agitada que levavam, não tinham tempo para cuidar de uma criança. Passaram-se seis meses e a babá, ao voltar do pediatra, trouxe-lhes um recado dizendo que ele os queria ver pessoalmente e com urgência. Mesmo diante de um recado desses, demoraram trinta dias para conseguir uma hora livre para atender o chamado.

– Dona Lídia, dr. Carlos, pedi a vocês que viessem me ver, pois tenho algo desagradável para comunicar-lhes.

– O que foi, doutor? A babá não está cuidando direito da criança? – perguntou Lídia.

– Não, senhora, sua babá é muito competente.

– Então o que é, dr. Márcio? Sinto muito mas não tenho tempo a perder – disse Carlos.

– Perder tempo, dr. Carlos? Estamos falando sobre sua filha.

– Mesmo assim, prefiro que fale sem rodeios e rapidamente, por favor.

– Está bem, sua filha provavelmente tem problemas no aparelho fonador – falou o médico.

– Da fala? Mas... é normal em bebês, eu sempre ouvi dizer isso – comentou Lídia.

– Eu acredito que a senhora não entendeu, dona Lídia. Estou dizendo que sua filha talvez não fale, ela tem um sério problema no aparelho fonador, e provavelmente sofrerá de mudez.

– O senhor enlouqueceu? Imagine um filho meu com problemas, deficiente, isso é impossível! – falou Carlos.

– Infelizmente, acredito que não; posso lhes indicar profissionais competentes da área para examinar a criança.

– Faça isso, doutor. Lídia, fique e pegue o telefone desses médicos, o motorista a leva para casa. Preciso ir, pois já estou atrasado.

Dizendo isso, Carlos saiu do consultório sem nem ao menos se despedir do dr. Márcio e de Lídia.

– Dê-me os endereços que mandarei a babá levar a criança para realizar os exames.

– Dona Lídia, não quero me intrometer, mas o caso é sério; o certo são vocês, os pais, acompanharem Sandra aos médicos.

– Realmente, doutor, o senhor nada tem com isso.

Dito isso, Lídia pegou os endereços e, chegando a casa, entrou, chamou a babá e mandou que marcasse as consultas e resolvesse o que fosse melhor e depois lhes comunicasse.

Dona Soninha ficou meio perdida, mas já havia se apegado à pequena Sandra e fez o que lhe foi mandado. Depois de três meses, chegaram os resultados finais e ela foi comunicar aos pais que a mudez de Sandra não teria cura. Lídia e Carlos conversaram a sós e resolveram mandar Sandra, dona Soninha e seu marido, o sr. João, para a fazenda da família.

Ficou acertado que diriam para a sociedade que a criança seria criada na Suíça para ter mais acesso à educação. Assim, Sandra deixou de ser um estorvo ao casal, e socialmente eles ficaram com uma filha perfeita.

Na época do desencarne de Sandra, o acidente foi muito noticiado; afinal, quarenta e duas pessoas, todas jovens, foram mortas ali, e a maioria drogada. Houve especulação da imprensa, a vida do casal foi mostrada a público, inclusive as mentiras em relação à filha e a verdadeira origem de Lídia. Todos souberam da deficiência de Sandra e que esta fora criada escondida. Estavam frente a frente com suas mentiras e engodos, seus erros já estavam sendo cobrados. Agora Lídia estava só e doente e a única pessoa que ainda se preocupava com ela era sua filha, Sandra.

Perguntei a Sandra o que pretendia fazer, e ela me disse que não tinha a menor ideia. Não sabia nem por onde começar. Resolvemos procurar o sr. Mauro e pedir orientação.

– Senhor Mauro, podemos lhe falar? – perguntou Sandra.

– Claro, Sandra, você parece meio apreensiva, minha filha. O que aconteceu?

– Trata-se de minha mãe na última encarnação. Ela está muito doente e gostaria de ajudá-la.

– Vejamos, Sandra. O que se passa com sua mãe é a colheita dos próprios atos. Ela terá de passar por tudo isso. Livrá-la do seu sofrimento é adiar o inevitável, de uma maneira ou de outra ela terá de sofrer para poder aprender a valorizar a vida. Acontece com Lídia o que acontece a muitos de nós: quando não aprendemos pelo amor, aprendemos pela dor. Tenha certeza, Sandra, de que ela sairá dessa situação muito melhor do que você pensa. Não se esqueça de que temos um Pai amoroso a nos cuidar. Mas pedirei permissão para que você e uma equipe médica possam ir visitá-la para amenizar sua dor, fortalecendo-a com passes.

– Senhor Mauro, eu agradeço sua ajuda. Mas quando a dor ameaça aqueles a quem amamos é muito difícil aceitar.

– Sei disso, Sandra, mas pense nessa dor para sua mãe como um remédio para seu espírito, quem sabe por meio desses momentos de solidão consigo mesma ela não possa reavaliar os seus valores? E não se esqueça: não existem regras para o comportamento humano, talvez você seja surpreendida pelos acontecimentos que estão por vir.

Dizendo isso, o sr. Mauro nos sorriu e se foi. Sandra e eu ficamos ali, quietos, pensando em suas palavras.

– Maurício, o que será que ele quis dizer sobre me surpreender com os acontecimentos que estão por vir?

– Também chamou minha atenção essas palavras, mas confiemos na Providência Divina que não teremos nada a perder, só a ganhar.

No dia seguinte, durante a reunião de nosso grupo, o sr. Mauro nos comunicou a permissão para visitarmos a mãe de Sandra, mas por enquanto não poderíamos intervir, apenas lhe aplicar passes revitalizadores e transmitir-lhe nosso amor e caridade.

Saímos da reunião e fomos visitá-la. Ela estava recostada em travesseiros, muito pálida e desanimada. À sua volta havia entidades que se divertiam e gostavam de seu sofrimento. Acredito que eram antigos inimigos que devem tê-la perseguido durante sua vida. Eles não nos viram, pois nossa vibração era diferente da deles. Contudo, quando nos aproximamos do leito, eles se afastaram desconfiados. Depois, foi-nos explicado que, apesar de não nos verem, podiam sentir nossa vibração e isso os incomodava. Eu e Sandra aplicamos um passe em Lídia e ela adormeceu tranquila. Passamos a orar e a lhe transmitir pensamentos de amor e conforto.

Enquanto ela dormia, permanecemos ali a observá-la. Sua aparência era muito frágil. Sandra a via de maneira diferente, não mais como a mãe indiferente que não fora capaz de amá-la. Na realidade, aquilo que ela lhe dera talvez tivesse sido o que podia dar naquele momento. Conforme pensava sobre isso, vieram à mente de Sandra momentos de quando era pequena e estavam juntas e sozinhas. Ela lhe fazia tímidos carinhos, sempre atenta para que ninguém pudesse vê-las. Lembrou-se que muitas vezes ela ficava observando-a com um olhar triste e carinhoso, talvez tivesse medo de ser fragilizada pelo amor e perder aquela vida que vivia.

Sandra abraçou-a e lhe transmitiu seus sentimentos de perdão. Lídia sorriu.

Voltamos para a colônia e continuamos nosso trabalho. Sandra ainda trabalhava com crianças e esses eram momentos mágicos para ela; gostava muito daqueles pequenos seres. Em nossa reunião do grupo, Sandra comentou sobre nossa visita.

– Hoje, Maurício e eu visitamos minha mãe. Acredito que nossos passes e nossas boas vibrações a ajudaram. Mas em volta dela existem muitas entidades cheias de ódio, rancor e sentimentos de vingança. Senhor Mauro, não poderíamos durante as visitas conversar com essas entidades e tentar fazê-las entender sobre o perdão, o amor e a caridade? Estaríamos ajudando minha mãe e também esses irmãos que tanto sofrem com seu ódio.

– Fazer o bem sem olhar a quem é dever de todos nós. Vocês podem ajudá-los sim, mas sem forçar, respeitando o livre-arbítrio de cada um deles, está bem?

– O que aconteceu a eles para sentirem tanta raiva de Lídia? – questionou Maurício.

– Maurício, isso é apenas curiosidade. Não devemos questionar os atos de ninguém, a não ser que possa ajudar no resgate de um irmão – comentou o sr. Onofre.

– Tem razão, sr. Onofre. Foi curiosidade, ainda tenho muito a aprender.

– Todos nós temos – comentou Sara, uma senhora muito simpática que havia se juntado ao nosso grupo havia pouco tempo. E continuou: – Nesta minha última encarnação errei muito por causa da curiosidade; morei na mesma casa durante toda a minha vida de casada e o meu maior passatempo era ficar olhando a vida dos vizinhos para depois comentar ora com uma vizinha, ora com outra. Perdi um bom tempo de minha vida cuidando da vida dos outros e não tive tempo para mim e os meus. Não olhava o que se passava dentro de minha própria casa, não percebi que meu filho mais novo estava andando com más companhias e poderia acabar se dando mal. Não percebi que meu marido não se interessava mais por mim; que minha filha mais velha se prostituía para comprar roupas caras; não percebi nem que estava desenvolvendo um câncer; não tinha tempo para nada disso. Mas a vida da vizinhança sabia tim-tim por tim-tim. Sabia até o horário em que saíam de casa e voltavam. Quando alguém se atrasava, eu comentava: "Fulano está atrasado, no mínimo deve estar aprontando por aí". Como se não bastasse tudo isso, ainda inventava mentiras e saía espalhando pela vizinhança. Fui responsável por muitas desavenças entre famílias, amigos e vizinhos. No fim estava malvista por todos e, quando me aproximava, eles diziam: "Lá vem a fofoqueira, vamos embora". Ficaram espertos. Um dia me dei conta de que meu filho estava morrendo por conta do uso de drogas; minha filha contraiu o vírus HIV, e meu marido me abandonou por outra. Fui obrigada a olhar minha vida, o que havia sobrado dela. Minha filha desencarnou por overdose de cocaína, sei que se suicidou e está vagando pelo umbral. Meu filho está internado em um hospital em estado grave e eu, quando prestei atenção em mim, não tinha mais tempo. Em menos de dois meses desencarnei. Fiquei me recuperando em um hospital durante um bom tempo, e agora estou aqui tentando aprender comigo mesma, reavaliando minha última encarnação. E vocês sabem o que descobri? A curiosidade mal controlada e mal dirigida é um vício, assim como a mentira e a fofoca. Estou procurando melhorar e, cada vez que começo a prestar atenção na vida dos outros, faço uma oração e procuro fazer planos para uma próxima oportunidade. Estou muito feliz de estar com vocês, acredito que receberei ajuda e gostaria bastante de ajudar todos vocês.

– Que Deus a abençoe, Sara, pode contar conosco. Mais uma lição que aprendemos hoje com Sara. Ainda bem que ela tem a humildade de reconhecer seus erros e está lutando para vencê-los; pobre daquele que, por vaidade e orgulho, mantém-se firme no erro e o perpetua, pois a vida sempre encontra uma maneira de fazê-lo enxergar. Devemos ser mais espertos e reconhecer nossos defeitos antes que estes nos engulam.

~

Encaminhamo-nos para a crosta com a intenção de visitar Lídia novamente, que continuava apática e rodeada pelos infelizes irmãos. Carlos estava com ela no quarto, sentado ao seu lado; lia um processo e não prestava atenção nela.

– Carlos, converse um pouco comigo.

– Depois, Lídia. Agora não posso, tenho de terminar de estudar este processo, mas estou aqui ao seu lado.

Aproximamo-nos de Lídia e sentimos sua tristeza. Ela pensava que estava sendo um estorvo para Carlos, que ele gostava das coisas bonitas e lá estava ela acabada, feia e dando trabalho. Ela o amava muito, mas, se demonstrasse seu medo, sua insegurança, poderia afastá-lo em definitivo. Calou-se.

Analisando Carlos, percebemos que ele não lia o processo. Estava muito abalado pela doença dela, pois não saberia viver sem a esposa. Amava-a muito e por ela vivera um personagem forte e aristocrático. Na verdade, estava ali ao lado dela querendo pegá-la em seus braços e embalá-la como uma criança, mas não podia demonstrar seu sofrimento, Lídia era uma mulher diferente, não gostaria disso. Lembrou-se de Sandra, de como afastara sua filha da própria casa só para agradar Lídia, para que não se sentisse culpada pela deficiência da criança. Se ela descobrisse que sua avó materna também tinha o mesmo problema, era capaz de tê-lo abandonado. Arrependia-se muito de não ter dado mais amor para Sandra; sentia-se culpado por ela ter morrido daquela maneira. Uma lágrima correu por seu rosto e ele rapidamente a enxugou e disfarçou a emoção.

Eu e Sandra nos olhamos surpresos, ela se emocionou e disse:

– Maurício, eles representaram a vida toda um papel, nunca foram felizes, pois um se julgava inferior ao outro. E eles se amavam e também me amaram. Outro dia, aqui neste quarto, minha intuição estava certa, eu senti esse amor. Isso quer dizer que ainda podemos ajudá-los a serem felizes e a aceitarem a nossa ajuda.

– Então, vamos ao trabalho, minha amiga. Enquanto você cuida de Lídia e Carlos, vou conversar com esses nossos irmãos.

"Meu Deus, como estou feliz! Bem que o sr. Mauro disse que poderia ser surpreendida pela realidade. Bendita surpresa, bendita vida!", pensou Sandra, encantada com o rumo que os acontecimentos estavam tomando.

Passamos a trabalhar com uma nova esperança, que já era uma certeza de conseguir tocar o coração deles para, quem sabe, ainda poderem ser felizes juntos, mesmo que por pouco tempo. Voltamos à colônia e procuramos o sr. Mauro. Contamos a ele nossa descoberta. Ele sorriu feliz e nos disse:

– Nunca duvidem da Providência Divina! Os caminhos de Deus podem até ser tortuosos, mas são sempre sábios e caridosos. Você, Sandra, terá a oportunidade que tanto esperava. Trabalhe os sentimentos de seus pais.

– Como posso fazer isso, sr. Mauro?

– Por meio da oração, dos passes e dos fluidos benéficos podemos ter a possibilidade de desligar Lídia e Carlos durante o sono e conversar com eles. Vamos trocar uma ideia com nossos amigos do grupo de estudos, mas acredito ser uma boa maneira.

Na reunião daquele dia, discutimos o assunto de Lídia e Carlos. Todos opinaram e sugeriram algumas ideias, todas válidas. Acertamos que naquela noite iríamos, o sr. Mauro e eu, buscá-los e trazê-los conosco para a reunião com o grupo. Orei muito, pedi a Deus que iluminasse a todos nós para que fizéssemos a coisa certa, para sermos felizes em nossas palavras e nossos pensamentos.

Ao anoitecer, já estávamos no quarto de Lídia, que estava preocupada com sua aparência. Carlos logo chegaria e ela não queria que a visse tão abatida! Com muito esforço tomou um banho, arrumou-se e desceu para a sala para esperá-lo. Ele chegou, como sempre aparentando indiferença. Não fez comentário algum sobre sua aparência.

– Lídia, vou subir e tomar um banho, já desço para jantarmos.

Os olhos dela demonstraram muita frustração e tristeza, mas tinha de manter a pose. Não podia mostrar sua carência, sua fragilidade, pois sabia que ele não gostava de mulheres choronas. Enquanto isso, Carlos pensava mais ou menos a mesma coisa;

sentia vontade de não sair mais de casa para ficar apenas cuidando de Lídia, mimá-la, realizar todas as suas vontades, mas tinha certeza de que ela iria se sentir diminuída e humilhada. Sempre fora uma mulher vaidosa e orgulhosa, tinha de continuar fazendo de conta que a sua doença não tinha importância alguma. Debaixo do chuveiro, ele chorou como uma criança.

Durante o jantar, pouco conversaram. Falaram sobre banalidades, coisas sem importância, cada um representando o seu papel. A água que beberam continha fluidos do plano espiritual para que dormissem um sono profundo. Já estávamos preparando os dois para o trabalho durante o sono.

Lídia e Carlos foram para a sala de televisão e ficaram ali por mais um tempo. Aos poucos, o sono gostoso e reparador tomou conta deles e ambos subiram para o quarto, trocaram-se e logo estavam adormecidos. Nós os chamamos devagar e com carinho. Eles se levantaram de mãos dadas e ficaram nos olhando sem dizer uma palavra. Aos poucos, perceberam que o corpo deles continuava dormindo. Olhavam para Sandra como se ela não fosse real.

– Pai, mãe, estou aqui para ajudá-los.

Lídia abraçou Carlos procurando proteção.

– Carlos, eu estou sonhando, vejo Sandra e ela está falando conosco.

O sr. Mauro aproximou-se deles e lhes explicou que após a morte do corpo continuamos vivos, pois nosso espírito é imortal. Explicou-lhes que eles estavam sendo levados para o plano espiritual por pouco tempo, pois precisavam de ajuda e que Sandra havia intercedido por eles. Pediu que nos acompanhassem. Eles estenderam as mãos para mim emocionados, e nós seguimos para a colônia. Todos do grupo de estudos já estavam reunidos nos esperando. Assim que chegamos, os dois foram recebidos com muita alegria e carinho.

O sr. Mauro começou a falar:

– Vou lhes contar uma história de três pessoas que vêm reencarnando juntas várias vezes para resgatar dívidas pretéritas. Na penúltima encarnação formou-se um triângulo amoroso: duas moças e um rapaz. Uma das moças, muito rica. A outra, sua prima órfã e pobre, foi criada por sua família. O rapaz pobre, filho do caseiro da família. Todos jovens, bonitos e extremamente orgulhosos. A moça rica e o rapaz se apaixonaram e passaram a se encontrar às escondidas. Contudo, nessa relação havia muito orgulho e prepotência de ambas as partes. A moça resolveu pedir conselhos à sua prima, sem saber que ela também estava apaixonada por ele. Em vez de incentivar a prima a lutar, ela tentou fazer crescer dentro dela a vergonha de mostrar esse amor e enfrentar os pais e a sociedade pelo amor do rapaz. Vendo que não conseguiria separá-los, resolveu se fazer de amiga de ambos e quando aparecia oportunidade colocava um contra o outro. Assim, começou a espalhar boatos pela cidade caluniando a moral de sua prima, inventando mentiras, até que chegasse aos ouvidos da família da moça, que foi chamada e proibida de ver seu amor. Inconformados, ambos resolveram fugir e construir uma nova vida longe de todos. Mais uma vez a moça desabafou com a prima, que tratou de contar ao tio sobre o plano dos namorados. Ele, que era coronel, chamou seus capangas e mandou matar o rapaz. A moça, desesperada, suicidou-se, e a prima, cheia de remorso, enlouqueceu, dizia ser perseguida pelos dois namorados. Desencarnou e realmente os dois esperavam-na para se vingar. Durante muito tempo os três vagaram pelo umbral, agredindo-se e culpando um ao outro pelo infortúnio da vida. O rapaz culpava as duas, dizendo que o orgulho e o preconceito da namorada, por ele ser pobre, fora o motivo de ela não ter lutado por ele, e atormentava a prima pela maledicência. Um dia, eles foram socorridos e tratados. Juntos, resolveram reencarnar e resgatar o passado. O rapaz é Carlos, a moça rica é você, Lídia, e você, Sandra, é a prima, por essa razão pediu para nascer muda, como lembrete de seus erros passados. Contudo, vocês não foram firmes em seus propósitos. Lídia e Carlos, depois de ouvirem esta história, o que pretendem fazer?

– Lídia, é por tudo isso que não confio em seu sentimento e sempre penso que vai me abandonar e não lutará por mim. Tenho um amor muito grande por você e quero fazê-la feliz.

– Eu também o amo muito, Carlos. Contudo, sempre tive medo de demonstrar fraqueza, com receio de que você se sentisse inseguro a meu respeito, por tudo isso ajo dessa maneira; no fundo sinto muito medo de perdê-lo de novo.

– Quanto a mim, agora compreendo a rejeição de vocês. Fiz-lhes muito mal, e vocês, por instinto, estavam se defendendo ao me afastarem de vocês. Mais uma vez peço perdão pelos erros e os perdoo.

– Que o esclarecimento deste momento permaneça no coração de vocês e que possam resgatar os erros pretéritos e viver em paz.

O grupo permaneceu concentrado enviando fluidos fortalecedores aos nossos amigos; Lídia e Carlos foram levados de volta ao corpo. Sandra e eu os acompanhamos e ficamos por ali durante certo tempo, tratando das entidades que ainda insistiam em permanecer ao lado dos dois.

15
A história de Marta

Eu estava fazendo um curso de atendimento a irmãos que desencarnaram pelo uso de drogas. Minha proposta para o futuro era trabalhar com esses espíritos sofredores. Poderia compreendê-los, pois sabia como se sentiriam ao desencarnar. Tinha um caminho longo de preparação e estudos pela frente, mas a certeza de que acertaria e poderia ser útil ao meu próximo. Naquele dia o sr. Mauro veio falar comigo.

– Maurício, precisamos conversar.

– Aconteceu alguma coisa, sr. Mauro? Está com uma expressão preocupada.

– Preocupado não é bem o termo, diria consternado.

– O que foi?

– Lembra-se de Marta?

– Marta? Lógico, aconteceu alguma coisa com ela?

– Vai acontecer em breve, ela tomou uma overdose de drogas e está prestes a desencarnar. Precisa de ajuda. Gostaria de ajudá-la?

Por alguns momentos fiquei em silêncio, tentando entender o que ele estava me dizendo.

– Ela vai desencarnar?

– Sim, Maurício. Até agora ela viveu de maneira grosseira para com seu corpo e seu espírito, agora está colhendo o que plantou. Afastou-se de sua família como se eles fossem os culpados de todos os seus infortúnios. Afastou todos os que poderiam ser seus verdadeiros amigos; fez mal a muitos, enganou, roubou... bom, uma boa parte dessa história você já conhece. Está disposto a ajudá-la, a pedir e orar por ela?

– Estou sim, sr. Mauro. Sempre acreditei que Marta não era feliz com a vida que levava. Creio que poderei ajudá-la, sim. Quando partiremos?

– Agora mesmo. O sr. Osvaldo, avô paterno de Marta, que já desencarnou há certo tempo e tem muita afinidade com a neta, vai conosco.

– Então vamos; com a graça de Deus certamente conseguiremos.

Encontramo-nos com outros amigos socorristas e o sr. Osvaldo. Marta morava em um condomínio velho de apartamentos. O lugar era sujo e malcheiroso. Havia jovens drogados jogados pelo chão. Entidades os vampirizavam fazendo muita algazarra. Surgiram em minha mente pensamentos de crítica, mas lembrei que também fora um deles e, além disso, de modo algum devemos criticar o que não entendemos, muito menos o que podemos entender: a caridade deve ser incondicional, sem olhar a quem. Encaminhamo-nos para o local onde ela estava.

Achava-se caída no chão de uma sala. Outros jovens estavam drogados, sem ao menos perceberem o que acontecia com Marta. Entidades a cercavam, rindo e debochando de seu estado. Aproximamo-nos e, ao sentir nossos fluidos, aos poucos eles se afastaram. Passamos a cuidar dela, aplicando-lhe passes e transmitindo fluidos benéficos, enquanto socorristas treinados a desligavam de seu corpo terreno. Contudo, Marta recusou nossa ajuda e os obsessores tomaram conta de seu espírito. Ela partiu com eles.

Depois do seu desencarne, tornei-me muito amigo do sr. Osvaldo. Sempre combinávamos de nos encontrar para conversar. Era um espírito educado e muito caridoso, que me contou boas histórias de suas vidas passadas. Em uma delas, ele fora um boêmio. Morava no Rio de Janeiro, gostava da noite, de fazer serenatas para as moças da cidade, e dormia durante o dia. Certa vez, o pai o chamou e disse que já era hora de assumir o próprio sustento, que a partir daquele dia não poderia mais contar com o dinheiro da família, teria de se virar.

– Maurício, vi-me em uma sinuca de bico, como se dizia naquela época. Não havia estudado porque nunca estava acordado na hora da escola, nunca havia trabalhado e, o pior, já havia trocado a noite pelo dia havia muito tempo. Não via solução para o caso, então fui conversar com um amigo que estava na mesma situação e se sustentava sozinho. Ele me deu mil ideias. Fazia de tudo, menos trabalho honesto. Eu podia ser preguiçoso, mas desonesto não era. Aí aconteceu o pior; de tanta preocupação não dormia nem de noite nem de dia. E, cada vez que cruzava com meu pai, ele me cobrava trabalho. O pouco dinheiro que tinha estava acabando, mais alguns dias nem para um café eu teria. Fui à igreja conversar com o padre, que era pessoa boníssima e sempre encontrava solução para os problemas que lhe eram apresentados. Expus a ele o que estava acontecendo e ele me perguntou se eu era bom de conversa; respondi que sim. Aí ele me perguntou se eu sabia ouvir os outros sem criticar. Comentei que esse era um lema para mim. Então me perguntou se ainda tocava violão, eu disse que sim. Perguntei a ele o que aquilo tinha a ver com o meu problema. Ele respondeu: "Venha hoje à noite aqui no salão paroquial e vou lhe mostrar". Agradeci. Estava saindo quando ele me chamou e perguntou se eu sabia cozinhar. Olhei para ele desconfiado e disse que um pouco. Ele sorriu e respondeu: "Ótimo, até a noite". Saí dali desconfiado de que ele ia aprontar alguma comigo, mas mesmo assim voltei. Todo barbeado, terno branco, sapato brilhoso, chapéu na moda e violão embaixo do braço. Vesti-me para uma festa. Entrei pelo salão paroquial sempre limpo e silencioso e aquilo estava um horror, cheio de pobres vagabundos da cidade. Em um canto três pessoas serviam uma sopa saborosa às pessoas. Em outro, um médico atendia aos doentes, ao seu lado a mais linda moça que já tinha visto fazia curativos. Chamava-se Graça e era sobrinha do padre Alberto. Era um burburinho, parecia que todos estavam falando ao mesmo tempo. Vendo-me, o padre Alberto sorriu e veio ao meu encontro dizendo: "Se nos ajudar nesta loucura, poderá morar comigo na casa paroquial, terá comida e roupa lavada". Expliquei-lhe que não sabia o que fazer com aquela gente. E ele me respondeu que podia começar brindando-os com minha música, e que o resto viria naturalmente. Pediu-me com muito carinho para tentar, pois precisavam de ajuda. Disse-me ainda que eu poderia dormir o dia todo sem me preocupar com meu sustento. Depois de tal consideração, não poderia recusar. Para finalizar, o padre Alberto me conquistou para a sua causa e passei a trabalhar com aquele grupo maravilhoso. Quando me dei conta, estava casado com a moça bonita e tinha dois filhos maravilhosos. Estudando pela manhã, formei-me em Assistência Social e um dia percebi que não dormia nem de noite nem de dia. Às vezes, cochilava entre uma atividade e outra. E quer saber de uma coisa? Não sentia sono nem cansaço, era feliz. Desencarnei aos oitenta e dois anos trabalhando na rua, servindo sopa aos menos afortunados. Não percebi o desencarne. Ao chegar, tinha uma legião de amigos me aguardando. Naquele dia glorioso voltei a ver a minha moça bonita, Graça, minha esposa por sessenta anos, e tive certeza de que quem é filho de Deus não pode ser infeliz.

– Que história bonita, sr. Osvaldo! Sem querer ser curioso, como o senhor foi parar na vida da Marta como seu avô?

– Marta foi minha filha nessa encarnação, foi recebida com muito amor e carinho. Nasceu com

Síndrome de Down, resgataria uma existência des-
vairada nos vícios do álcool e das drogas, quando
fora uma senhora muito rica, dona de terras e escravos, mas também muito má. Fora responsável por
desgraças e desencarnes horrendos. Ao desencarnar,
foi levada por seus perseguidores ao umbral, onde
foi feita escrava. Sofreu muito e ficou com o perispírito deformado. Só por meio da vida como deficiente conseguiria melhorar. Eu e Graça fomos
consultados se queríamos ajudá-la e assim Marta
nasceu como nossa filha deficiente e viveu vinte e
oito anos. Apesar de suas limitações, conseguimos
que aprendesse muitas coisas, teve bastante carinho e amor. Na sequência de seu resgate, ela se pre-
parou por um bom tempo para reencarnar e teve
muito medo de errar de novo. Quando decidiu, eu
já estava encarnado e casado de novo com Graça,
que agora se chamava Olga. Marta nasceu como
filha de Afonso, meu filho mais velho, e sua mãe
desencarnou ao dar à luz. Afonso se revoltou e
passou a tratar Marta como se ela fosse a responsável pela morte da mãe. Eu e Olga a levamos para
morar conosco, cuidamos dela até os sete anos,
quando minha esposa faleceu. Eu já estava muito
velho e doente, então ela voltou a morar com o pai,
que já estava casado com outra mulher e tinha mais
dois filhos. Marta não foi bem recebida e, aos dez

anos, fugiu de casa e se juntou a um grupo de ciganos muito ricos. Aos treze anos, caiu nas graças do chefe do grupo e foi morar em sua casa. Ele lhe pagou estudos, roupas caras, e a iniciou nas drogas e na vida sexual. Ela se tornou sua amante. Aos dezenove anos, entrou para a faculdade de Medicina, mas Tiago, o cigano, não permitia que ela estudasse. Marta abandonou o grupo e passou a se prostituir e a traficar para sustentar seus estudos e seu vício. O resto, acredito que já conhece. Infelizmente, Marta não conseguiu vencer o vício nessa encarnação. Acredito que ela ainda não estava preparada para isso e, além do mais, as pessoas que haviam se comprometido em ajudá-la também se desviaram do caminho. Mas terá novas chances. Quem sabe não se interessará pelo seu projeto de ajuda a esses jovens tão perdidos?

À noite, reunimo-nos em nossa casa. Marisa convidara alguns amigos. Ela tinha algo a nos comunicar.

– Agradeço a todos vocês que estão aqui para ouvir o que tenho a comunicar. Antes, gostaria de agradecer a todos o carinho, o amor e a amizade que encontrei durante esse tempo aqui na colônia. O nosso querido Lúcio e sua fantástica esposa Lia vão ter uma filha e eu pedi para reencarnar entre eles. Hoje me comunicaram que meu pedido foi aceito.

Propus-me a trabalhar na divulgação da Filosofia Espírita e terei uma vida linda, cheia de sucessos espirituais, com a graça de Deus.

– E eu, Fábio, serei irmão gêmeo de Marisa; ambos trabalharemos juntos e contamos com o apoio de todos.

– Quanto a mim, pedi a permissão para acompanhá-los como protetor – disse meu pai. – Devo segui-los em espírito durante toda essa encarnação. Maurício, você ficará aqui ainda por um bom tempo, tem um trabalho magnífico a ser feito e, portanto, lhe peço um favor especial: cuide bem de Dirce, ela é uma mulher fantástica.

– Pai, hoje quero chamá-lo pelo nome, Mário, como um grande amigo e benfeitor que sempre me acompanhou, e quero que saiba que honrarei o compromisso que assumi.

– Tenho certeza que sim! Seus olhos estão diferentes, vejo neles a determinação de continuar essa caminhada; que Deus o abençoe, meu filho.

16
Dúvidas

Uma dúvida que sempre me incomoda é a sobre o desencarne de meu pai. Tudo o que tenho aprendido sobre suicidas contradiz a história de vida dele. Muitas vezes tentei fazer-lhe essa pergunta, mas sempre me faltou coragem. Contudo, a dúvida persistia e cada vez mais tinha a certeza de que as coisas não haviam acontecido como nos foi explicado na Terra. Alguns comentários que escutei de meu pai sobre o seu desencarne comprovavam que minhas dúvidas eram procedentes. Certa vez, quando escutávamos relatos de amigos, ele fez o seguinte comentário: "Graças a Deus fui socorrido com prontidão por bons amigos.

Recebi rápido tratamento espiritual e fui encaminhado ao hospital, onde por pouco tempo fiquei".

Além disso, por conhecê-lo, sabia de sua fé em Deus, seus altos valores morais, seu apego e amor à nossa família, e que nada disso combinava com alguém que abandona a vida de forma covarde. Ao contrário, ele sempre fora uma pessoa forte e comprometida com a vida. Por tudo isso, estou pesquisando e perguntando sobre o assunto a vários instrutores, e sempre obtenho a mesma resposta.

O suicida sofre muito, carrega consigo a impressão de seu desencarne por um bom tempo. O perispírito fica marcado e, acima de tudo, carrega a desilusão de apenas ter piorado a situação, pois a vida não termina após a morte. A maioria dos suicidas vaga pelo umbral em busca de respostas e continua a sofrer. Como tudo não acabou com a morte, ainda sente dor, mal-estar e desespero.

Poucos são socorridos de imediato, principalmente porque não entendem o que está acontecendo e não têm merecimento espiritual. A recuperação é lenta e traumática. Estes aspectos são gerais, e devemos sempre ter em mente que cada caso deve ser estudado de acordo com suas características.

Durante uma palestra que assisti sobre suicídio, o instrutor leu o seguinte trecho de *O Livro dos Espíritos*:

As consequências do suicídio são as mais diversas. Não há penalidades fixadas, em todos os casos elas são sempre relativas às causas que o produziram. Mas uma consequência a que o suicida não pode escapar é o desapontamento. De resto, a sorte não é a mesma para todos, dependendo das circunstâncias. Alguns expiam suas faltas imediatamente, outros numa nova existência, que será pior do que aquela que interromperam.

A observação mostra, com efeito, que as consequências do suicídio não são sempre as mesmas. Há, porém, as que são comuns a todos os casos de morte violenta, as que decorrem da interrupção brusca da vida. É primeiro a persistência mais prolongada e mais tenaz do laço que liga o Espírito e o corpo, porque esse laço está quase sempre em todo o seu vigor no momento em que foi rompido, enquanto na morte natural se enfraquece gradualmente e em geral até mesmo se desata antes da extinção completa da vida. As consequências desse estado de coisas são a prolongação da perturbação espírita, seguida da ilusão que, durante um tempo mais ou menos longo, faz o Espírito acreditar que ainda se encontra no número dos vivos.[4]

---

4. KARDEC, Allan. *O Livro dos Espíritos*. 58ª edição. Itens 155 e 165. Lake, sd. (N.A.E.).

A afinidade que persiste entre o espírito e o corpo produz, em alguns suicidas, uma espécie de repercussão do estado do corpo sobre o espírito, que ainda ressente, malgrado seu, os efeitos da decomposição, experimentando uma sensação cheia de angústias e horror. Esse estado pode persistir tão longamente quanto tivesse de durar a vida que foi interrompida. Esse efeito não é geral; mas em alguns casos o suicida não se livra das consequências de sua falta de coragem e cedo ou tarde expia essa falta, de uma ou de outra maneira. É assim que certos espíritos, que haviam sido muito infelizes na Terra, disseram haver se suicidado na existência precedente e estar voluntariamente submetidos a novas provas, tentando suportá-las com mais resignação. Em alguns é uma espécie de apego à matéria, da qual procuram inutilmente desembaraçar-se para se dirigirem a mundos melhores, mas cujo acesso lhes é interditado. Na maioria, é o remorso de haverem feito uma coisa inútil, da qual só provam decepções.[5]

---

5. KARDEC, Allan. *O Livro dos Espíritos*. 58ª edição Livro IV. Lake, sd. p. 314-5 (N.A.E.).

Com essa dúvida cada vez mais presente em meus pensamentos, cheguei à conclusão de que era hora de ter coragem e buscar minhas respostas; afinal, já se passara tempo demais.

– Senhor Mauro, procurei pelo senhor porque preciso de uma orientação.

– Estou à sua disposição, Maurício. Do que se trata?

– Tenho algumas dúvidas sobre o desencarne de meu pai. O senhor o conhece há bastante tempo, não é?

– É verdade! Seu pai e eu já trabalhamos em várias ocasiões, tanto na vida espiritual quanto na vida terrena.

– O senhor acompanhou de perto a minha recuperação, após eu ter sido socorrido. Foi a pedido de meu pai, não foi?

– Foi sim, Maurício. Há tempos eu estava formando o grupo de que agora você faz parte. O problema das drogas na crosta terrestre é muito preocupante e precisa ser tratado com muito carinho. Seu pai, sabendo desse trabalho que vínhamos desenvolvendo, solicitou ajuda para você. Ele acreditava, e com razão, que, se você trabalhasse com esses necessitados, presenciando todo o infortúnio que eles sofrem, você iria se fortalecer e lutar contra suas fraquezas. Mais uma vez, comprovamos a bondade de nosso Pai; não só você foi ajudado, como todo o grupo de que fez parte nessa última encarnação está aí se fortalecendo e melhorando dia a dia.

– Tenho pesquisado e estudado muito o assunto do suicídio. Quanto mais aprendo e racionalizo, não consigo enquadrar meu pai como um suicida. E não é um filho tentando desculpar seu pai, ou preconceito, ou qualquer outro sentimento não real. Eu sinto que não foi isso o que aconteceu com ele.

– E se não foi suicídio, Maurício? O que vai mudar para você?

– Acredito que nada. Apenas vou tirar essa interrogação de minha mente. Não importa como tenha sido o desencarne dele, o que importa é que ele é especial para mim. Eu o amo muito. Mas essa dúvida tem me atrapalhado a concentração em outros assuntos. Agora, com a preparação do reencarne de Marisa e Fábio e meu pai os acompanhando, será mais difícil esclarecer o assunto. Gostaria muito de saber a verdade antes de sua partida.

– Muito bem, volte aqui amanhã. Vou marcar com seu pai para conversarmos. A propósito, como está Dirce?

– Muito bem, ela está trabalhando no hospital e já mora comigo na colônia. Sente-se muito feliz.

– Ótimo, traga-a aqui amanhã, está bem?

– Obrigado mais uma vez, sr. Mauro!

Nesse dia, ao chegar a casa, procurei por minha mãe. Ela ainda não tinha voltado do trabalho. Fiquei ali no jardim, sentado na grama úmida, observando aquele início de noite luminoso e cheio de paz. Sentia muitas saudades de minhas conversas com ela, principalmente quando tinha algum problema remoendo meus pensamentos. Tinha certeza de que ela estava bem e fiz uma prece agradecendo a Deus por eu ser capaz de reconhecer as minhas fraquezas e de agora ter condições de vencê-las.

Estava ali deitado na grama, observando as estrelas que enfeitavam aquele céu negro e profundo, quando minha mãe chegou e perguntou:

– Maurício, tudo bem com você?

– Tudo bem, mãe. Sente aqui ao meu lado, preciso conversar com você.

– Alguma coisa o perturba há dias. O que está acontecendo?

– Hoje fui conversar com o sr. Mauro. Tenho algumas dúvidas que precisam ser respondidas e acredito que chegou a hora certa.

– Que dúvidas são essas, Maurício?

– É quanto ao desencarne de meu pai. Por mais que eu racionalize, não consigo vê-lo como um suicida, mãe.

– Eu também tenho dúvidas quanto a isso! Mas, se até o momento não nos foi permitido ter a certeza, é porque não estamos preparados para enfrentar a verdade, seja ela qual for.

– Pela maneira como a senhora fala, parece saber o que aconteceu.

– Digamos que tenho minhas teorias. Se são reais ou não, é outra história. Então, diga-me qual foi a resposta do sr. Mauro.

– Pediu que a senhora e eu fôssemos até ele amanhã. Falará com papai sobre a possibilidade de sua presença.

– Que bom, assim matarei as saudades de Mário.

Após essa conversa ficamos ali, no jardim de dona Dirce, no meio de seus canteiros de rosa, absorvendo toda aquela perfumada energia que nos fazia tão bem!

No dia seguinte, encaminhamo-nos para a sala onde o sr. Mauro iria nos receber. Confesso que havia muito tempo não me sentia como naquele momento. Antigos sentimentos de insegurança e medo assombravam meu espírito; tinha uma vontade muito forte de chorar e sair correndo dali. Minha mãe, percebendo as emoções desencontradas que tomavam conta de meu ser, abraçou-me e disse:

– Você percorreu um longo caminho daquele dia até hoje. Cresceu espiritualmente e tem condições de ajudar irmãos que estão em situação pior do que aquela em que estava. Por que toda essa aflição? Por que essa ânsia em saber algo que está lhe fazendo mal antes mesmo de acontecer? Onde está toda a sua força?

– Não sei o que está acontecendo comigo. É como se eu já soubesse de tudo, estou indo apenas confirmar, não é, dona Dirce?

– E qual a diferença, Maurício? O que vai modificar para você?

– Espero que me fortaleça a vontade de ajudar os outros a não cometerem os mesmos erros que eu. Mas preciso enfrentar essa verdade de cabeça erguida, senão essa dúvida, essa incerteza, vai me atrapalhar cada vez mais.

– Então, qual o motivo do desespero, se você está indo atrás de paz? Erga essa cabeça, olhe nos olhos de Deus e veja quanta confiança ele tem em você!

– Obrigado, mãe. Podemos ir?

Assim nos encaminhamos para mais um momento de verdade e amor. Quando chegamos, meu pai, que já estava conversando com o sr. Mauro, recebeu-nos com amor e carinho. Senti em seu abraço toda a amizade que sempre me dedicou e muita paz e confiança. Entendi que de qualquer maneira era amado e respeitado.

– Maurício, Mauro foi me procurar a seu pedido. Ele me explicou sobre suas dúvidas. Acredito que hoje você está preparado para saber o que realmente aconteceu no dia de meu desencarne. E você, Dirce, está bem?

– Eu já sei, Mário.

– Imaginava que sim. Nunca consegui esconder nada, não é? Como você soube?

– Eu o conheço muito bem! Sabia que nunca tiraria a própria vida, nunca teria nos deixado naquela situação de propósito.

– É verdade, suas dúvidas são justificadas, Maurício. Eu não cometi suicídio. Fui assassinado. Naquele dia, fui para o consultório normalmente. Cumpri minhas obrigações e atendi aos pacientes. No fim do expediente, fechando a clínica, apareceu um senhor e um jovem. Desde o início não gostei da aparência dos dois, mas solicitaram tanto a minha ajuda médica que não pude recusar. Quando entramos no consultório, eles mudaram de atitude e me apontaram uma arma. Fiquei assustado, pensei que fosse um assalto e disse que poderiam levar tudo o que quisessem, mas que não fizessem nenhuma besteira. Eles riram e disseram que já tinham tudo o que era meu e me mostraram a cópia daqueles documentos. Eu não entendi o que estava acontecendo e disse que aquilo era impossível. Então me contaram o que havia acontecido e me fizeram assinar um papel no qual eu autorizava a aplicação do dinheiro no mercado de capitais. Disseram que, para não deixar dúvidas e para que eu não fizesse qualquer besteira, eu iria me suicidar. Eles me imobilizaram, fecharam minha mão em volta da arma, apontaram para minha cabeça e apertaram o gatilho. Eu não vi mais nada. Quando acordei, minha mãe, trabalhadora em uma esfera superior, estava ao meu lado com Mauro. O restante da história vocês já sabem.

– Mário, por que não nos disse antes? – perguntou minha mãe.

– Maurício ainda não estava preparado para saber. Foi-lhe difícil considerar-se responsável pelo meu suicídio; se ele tomasse conhecimento dessa história, talvez não conseguisse entender.

– Pai! Mais uma vez lhe peço perdão.

– Maurício, já lhe disse outras vezes que tudo acontece para nos fazer crescer. Nada está errado quando aprendemos e nos tornamos melhores. Venha me dar um abraço, meu filho.

Ficamos ali juntos por um bom tempo, quietos em um amoroso abraço.

17
Vida nova

Tenho orado e pedido muito pela recuperação de Marta, que continua vagando pelo umbral. Sempre que nos é permitido vamos conversar com ela e, aos poucos, mostramos-lhe que Deus só nos quer felizes, e que, apesar de todos os erros que possamos ter cometido, podemos nos arrepender e pedir perdão.

Sandra e eu temos visitado Carlos e Lídia. Depois daquela noite em que foram desligados do corpo e levados à colônia, passaram a se olhar de outra maneira. Hoje Carlos passa mais tempo com ela do que no trabalho. Ontem, pela primeira vez em anos de convivência, eles se olharam e disseram um ao outro que se amavam.

A saúde de Lídia melhorou muito, ela está lutando para alcançar a cura. Deverá fazer uma cirurgia, que terá êxito, e o casal ficará encarnado e juntos por mais alguns anos. Tomara que tenham a coragem de ser felizes.

O grupo que foi resgatado no ônibus está progredindo muito rápido. Márcia já está morando na colônia com seu irmão Renato e seu avô, e participa de nosso Grupo de Estudos. Afonso, graças a Deus, está bem, ainda continua no hospital, mas já ajuda em pequenas tarefas. Téo e Ju estão se preparando para reencarnar e pretendem constituir família. O grupo de cinco jovens está estudando e trabalhando bastante na prevenção contra o consumo de drogas. O coronel e Odete estão bem, ainda vou me encontrar com eles para podermos acabar de uma vez com tanto infortúnio.

~

Fui chamado para atender a um jovem que estava prestes a desencarnar. Levado ao hospital onde estava internado com o vírus da aids, contraído por meio de seringas infectadas, fui me juntar à equipe de socorro e nos aproximamos de sua cama. Surpreso, reconheci o pequeno Sapo. Havia muita dor e resignação naqueles olhos. Aproximei-me dele com muito carinho e o chamei. Seus olhos se abriram e me olharam estupefatos.

– Doutor?

– Eu mesmo, Sapo. Viemos ajudá-lo. Tenha paciência que logo vai se sentir melhor.

– Já me sinto melhor. Fico contente que o senhor se recuperou e está bem. Como da outra vez, acredito que fará o melhor por mim. A propósito, doutor, meu nome é Sergio.

Dito isso, ele adormeceu e, com muito carinho e amor, o desligamos de seu corpo. Levado a um hospital, na ala reservada aos desencarnados vítimas do vírus HIV, passaria por tratamento para recuperar seu espírito. Não era tão difícil, pois ele sempre tivera esperança de dias melhores. Quando descobrira que estava contaminado, procurara ajudar na luta contra a doença e se oferecera para testar novos medicamentos, passando a fazer parte de um grupo que luta com muito amor para alertar nossos jovens sobre os perigos da aids.

Quanto a mim, hoje estudo muito e procuro ajudar aos necessitados do espírito. Trabalho em um Posto de Socorro que atende aos dependentes químicos. É um novo começo, um novo amanhã. Por enquanto, procuro ajudar no resgate e na recuperação daqueles que já desencarnaram, mas um dia gostaria muito de reencarnar e lutar com vontade férrea contra o tráfico de drogas.

Sei que para isso terei de me fortalecer e eliminar essa raiva que ainda sinto contra os que traficam. Para fazer esse trabalho, terei de ter a consciência de ajudar os que estão envolvidos com as drogas, desde o garoto ingênuo de oito anos, vítima dos traficantes, até os traficantes, espíritos infelizes e sofredores, que se assim não fossem não estariam fazendo o que fazem.

Mas ainda chegarei lá, podem esperar. Que Deus os abençoe e proteja a todos. Fiquem na paz!

Fim

Livros da médium Eliane Macarini
Romances do espírito Vinícius (Pedro de Camargo)

Resgate na Cidade das Sombras

Virginia é casada com Samuel e tem três filhos: Sara, Sophia e Júnior. O cenário tem tudo para ser o de uma família feliz, não fossem o temperamento e as oscilações de humor de Virginia, uma mulher egoísta, que desconhece sentimentos como harmonia, bondade e amor, e que provoca conflitos e mais conflitos dentro de sua própria casa.

Obsessão e Perdão

Não há mal que dure para sempre. E tudo fica mais fácil quando esquecemos as ofensas e exercitamos o perdão.

Aldeia da Escuridão

Ele era o chefe da Aldeia da Escuridão. Mas o verdadeiro amor vence qualquer desejo de vingança do mais duro coração.

Comunidade Educacional das Trevas

Nunca se viu antes uma degradação tão grande do setor da Educação no Brasil. A situação deprimente é reflexo da atuação de espíritos inferiores escravizados e treinados na Comunidade Educacional das Trevas, região especializada em criar perturbações na área escolar, visando sobretudo desvirtuar jovens ainda sem a devida força interior para rechaçar o mal.

Amazonas da Noite

Uma família é alvo de um grande processo obsessivo das Amazonas da Noite, uma falange de espíritos comandada pela líder Pentesileia. Elas habitam uma cidadela nas zonas inferiores e têm como inspiração as amazonas guerreiras de tempos remotos na Grécia.

Leia os romances de Schellida!
Emoção e ensinamento em cada página!
Psicografia de **Eliana Machado Coelho**

CORAÇÕES SEM DESTINO – Amor ou ilusão? Rubens, Humberto e Lívia tiveram que descobrir a resposta por intermédio de resgates sofridos, mas felizes ao final.

O BRILHO DA VERDADE – Samara viveu meio século no Umbral passando por experiências terríveis. Esgotada, consegue elevar o pensamento a Deus e ser recolhida por abnegados benfeitores, começando uma fase de novos aprendizados na espiritualidade. Depois de muito estudo, com planos de trabalho abençoado na caridade e em obras assistenciais, Samara acredita-se preparada para reencarnar.

UM DIÁRIO NO TEMPO – A ditadura militar não manchou apenas a História do Brasil. Ela interferiu no destino de corações apaixonados.

DESPERTAR PARA A VIDA – Um acidente acontece e Márcia, uma moça bonita, inteligente e decidida, passa a ser envolvida pelo espírito Jonas, um desafeto que inicia um processo de obsessão contra ela.

O DIREITO DE SER FELIZ – Fernando e Regina apaixonam-se. Ele, de família rica, bem posicionada. Ela, de classe média, jovem sensível e espírita. Mas o destino começa a pregar suas peças...

SEM REGRAS PARA AMAR – Gilda é uma mulher rica, casada com o empresário Adalberto. Arrogante, prepotente e orgulhosa, sempre consegue o que quer graças ao poder de sua posição social. Mas a vida dá muitas voltas.

UM MOTIVO PARA VIVER – O drama de Raquel começa aos nove anos, quando então passou a sofrer os assédios de Ladislau, um homem sem escrúpulos, mas dissimulado e gozando de boa reputação na cidade.

O RETORNO – Uma história de amor começa em 1888, na Inglaterra. Mas é no Brasil atual que esse sentimento puro irá se concretizar para a harmonização de todos aqueles que necessitam resgatar suas dívidas.

FORÇA PARA RECOMEÇAR – Sérgio e Débora se conhecem e nasce um grande amor entre eles. Mas encarnados e obsessores desaprovam essa união.

LIÇÕES QUE A VIDA OFERECE – Rafael é um jovem engenheiro e possui dois irmãos: Caio e Jorge. Filhos do milionário Paulo, dono de uma grande construtora, e de dona Augusta, os três sofrem de um mesmo mal: a indiferença e o descaso dos pais, apesar da riqueza e da vida abastada.

PONTE DAS LEMBRANÇAS – Ricos, felizes e desfrutando de alta posição social, duas grandes amigas, Belinda e Maria Cândida, reencontram-se e revigoram a amizade que parecia perdida no tempo.

MAIS FORTE DO QUE NUNCA – A vida ensina uma família a ser mais tolerante com a diversidade.

Leia estes envolventes romances do espírito Margarida da Cunha
Psicografia de Sulamita Santos

Doce Entardecer

Paulo e Renato eram como irmãos. O primeiro, pobre, um matuto trabalhador em seu pequeno sítio. O segundo, filho do coronel Donato, rico, era um doutor formado na capital que, mais tarde, assumiria os negócios do pai na fazenda. Amigos sinceros e verdadeiros, desde jovens trocavam muitas confidências. Foi Renato o responsável por levar Paulo a seu primeiro baile, na casa do doutor Silveira. Lá, o matuto iria conhecer Elvira, bela jovem que pertencia à alta sociedade da época. A moça corresponderia aos sentimentos de Paulo, dando início a um romance quase impossível, não fosse a ajuda do arguto amigo, Renato.

À Procura de um Culpado

Uma mansão, uma festa à beira da piscina, convidados, glamour e, de madrugada, um tiro. O empresário João Albuquerque de Lima estava morto. Quem o teria matado? Os espíritos vão ajudar a desvendar o mistério.

Desejo de Vingança

Numa pacata cidade perto de Sorocaba, no interior de São Paulo, o jovem Manoel apaixonou-se por Isabel, uma das meninas mais bonitas do município. Completamente cego de amor, Manoel, depois de muito insistir, consegue seu objetivo: casar-se com Isabel mesmo sabendo que ela não o amava. O que Manoel não sabia é que Isabel era uma mulher ardilosa, interesseira e orgulhosa. Ela já havia tentado destruir o segundo casamento do próprio pai com Naná, uma bondosa mulher, e, mais tarde, iria se envolver em um terrível caso de traição conjugal com desdobramentos inimagináveis para Manoel e os dois filhos, João Felipe e Janaína.

Laços que não se Rompem

Em idos de 1800, Jacob herda a fazenda de seu pai. Já casado com Eleonora, sonha em ter um herdeiro que possa dar continuidade a seus negócios e aos seus ideais. Margarida nasce e, já adolescente, conhece Rosalina, filha de escravos, e ambas passam a nutrir grande amizade, sem saber que são almas irmanadas pelo espírito. O amor fraternal que sentem, e que nem a morte é capaz de separar, é visível por todos. Um dia, a moça se apaixona por José, um escravo. E aí, começam suas maiores aflições.